Jean-Pierre-Louis de Luchet

MARQUIS DE LUCHET

Essai sur la secte des Illuminés

Paris

1789

AVERTISSEMENT

Soit en Allemand, soit en Français, on a beaucoup écrit depuis quelque temps sur la Prusse et contre la Prusse. Le nouveau Gouvernement a été jugé avec une sévérité extrême. Dans tout ces ouvrages, il est question des Illuminés. C'est à cette Secte ténébreuse qu'on rapporte presque tous les maux qui désolent l'héritage de l'immortel Frédéric. Dans de telles circonstances, il nous a paru convenable d'apaiser la curiosité du Public, et de donner cet Essai, que la Vérité avouera. Les tableaux sont effrayants, les principes sont pervers, les conséquences sont terribles, et c'est pourquoi nous avons écrit. S'il est dangereux de parler, il serait perfide de se taire.

Quoique l'Allemagne soit le foyer de ces erreurs funestes, quoiqu'elles y jouissent d'une haute protection ; elles ne sont pas tout à fait étrangères aux autres Nations. La France n'est pas entièrement pure ; et si dans la crise qui nous tourmente, les Martinistes n'osent, ou peut-être ne peuvent se faire entendre, ils reparaîtront avec plus de danger lorsque le calme sera revenu.

O mes Concitoyens ! croyez que nous ne répandons pas de fausses alarmes. Nous avons écrit avec un assez grand courage, et nous sommes loin d'avoir tout dit ; pourquoi ? c'est que chez les hommes la vérité nue est la plus violente des satires. L'étonnante scène racontée au chapitre neuvième, les incroyables mystères révélés dans les notes, sont de vastes sujets de méditation. Il y a cependant des impostures ourdies avec plus d'adresse ; mais on ne peut encore les dévoiler sans indiquer le lieu de la scène, et dès-lors c'est livrer au ridicule des hommes que l'Ordre Social a intérêt de faire respecter.

INTRODUCTION

Lorsque j'ai écrit cet Ouvrage, je ne me suis pas flatté d'être cru, et conséquemment je ne me suis pas flatté de convaincre. Quand on vient révéler des choses si extraordinaires, il faut se résigner, et s'attendre à passer pour un Déclamateur. Dès qu'un Écrivain est déclaré tel, on se dispense d'examiner son Ouvrage. Mais si la force du sujet avait seule exalté l'imagination, si la connaissance du mal avait aigri le jugement, si le noble désir de sauver les humains avait armé l'éloquence de ces traits foudroyants qui accablent l'erreur, si l'on n'était sorti de son caractère que pressé par l'imminence du danger, tout Lecteur impartial devrait du moins obéir à cette crainte salutaire, qui trouble une sécurité perfide, et juger par lui-même si les malheurs prévus sont chimériques, ou si la prudence ordonne de s'en occuper.

Les gens honnêtes s'alarment, les gens tièdes doutent, les coupables nient, les sages examinent, et c'est eux que j'invoque en ce jour, et dont je voudrais aiguillonner le zèle.

On serait, assez porté à détester cette machination mystique ; mais on ne croit pas encore à son existence. Il faudrait pouvoir articuler les faits, mettre à même de les vérifier, nommer les agents, accuser les imposteurs, produire les témoins, publier les écrits, commencer un procès en règle, suivre une information. Tout cela serait possible, si les Coriphées de la Secte n'étouffaient pas la première voix qui s'élève dans les pays où le Souverain est le Pape de cette nouvelle Église.

Je ne sais par quel enchantement les Princes, ordinairement partagés entre les plaisirs et la soif d'un nom brillant, ont été les premiers à adopter une confédération où ils ne peuvent que perdre. On en compte trente en Europe, régnants ou non-régnants, tellement imbus de ces absurdités, qu'ils sont inabordables à la raison la plus tolérante. Veut-on composer avec eux, et procéder par la logique la plus simple, ils commencent par se défier et finissent par s'éloigner. On en voit qui seraient le rebut de l'humanité, s'ils ne traînaient pas un nom respecté, se faire Prédicants et répandre le dogme des Illuminés dans un insipide bavardage. D'autres, se constituer Protecteurs Fanatiques d'une Religion qu'ils ne comprennent pas, ouvrir leurs terres, qu'ils nomment des États, à tous les Aventuriers que disperse la Secte pour parvenir à ses fins. La plupart accueillent avec un empressement fanatique, tout ce qui porte la livrée des Swedenborg, des Schrœpffer.

En France, la Cour est étrangère aux éléments de la Théosophie. Le mouvement rapide qui agite les esprits, ne donne à aucun système religieux le temps de se développer. Les Corps Littéraires s'en moquent ; la Bourgeoisie laborieuse, et heureusement peu instruite, est encore inaccessible à cette espèce de séduction. Mais il existe une foule de petits partis antiphilosophiques, composés de Femmes Savantes, d'Abbés Théologiens, et de quelques Prétendus Sages. Chaque parti a sa croyance, ses prodiges, son Hiérophante, ses Missionnaires, ses Adeptes, ses Détracteurs. Ainsi Paris, le centre de toutes les charlataneries comme de toutes les lumières, offre des Visionnaires de tous genres. Chacun tend à expliquer la Bible en faveur de son système, à fonder sa Religion, à remplir son temple, à multiplier ses catéchumènes. Ici Jésus-Christ joue un grand rôle ; là c'est le Diable ; ailleurs c'est la Nature ; plus loin c'est la Foi. Partout la raison est nulle, la science inutile, l'expérience une chimère. Barbarin somnambulisme, Cagliostro guérit, Lavater console, Saint-Martin instruit, d'E ****[1].... *res sacra miser*. Tous emploient l'erreur pour arriver à une réputation utile ; et si l'on excepte Lavater, qui, par un mélange d'esprit et de bonhomie, fait de bonne foi des dupes, les visions sont dans la main des autres un ressort dont ils combinent les mouvements avec adresse.

En Allemagne, les Cours donnent une impulsion à tous les esprits. Ils sont plus solides que raffinés, dès-lors on les convainc avec des mensonges mis en syllogismes. Dès qu'on a tourné leur bonhomie naturelle vers leur idole, qu'ils nomment philanthropie, il y a peu de travers qu'on ne puisse leur faire

---

[1] Il subissait alors les horreurs de l'exil aux îles Sainte-Marguerite.

adopter. Les petits Princes, qui ont la manie d'être loués, et dont les noms s'oublieraient aisément dans les grands intérêts qui agitent continuellement l'Europe, se laissent aller au doux encens dont les enivrent les Prêtres des Illuminés, prodigues d'éloges jusqu'à la satiété dans des livres que personne n'achève, mais que beaucoup de gens commencent. Les femmes se jettent aussi dans cette mysticité, et s'imaginent par-là ressusciter les beaux jours de leur innocence ; la classe des Courtisans embrasse la nouvelle Secte, parce qu'entre les Protecteurs et les Adeptes, il y a un commerce de pensions, de présents, de titres, dirigés contre des initiations, des mystères révélés, des prédictions consolantes ; il en résulte une grande fidélité à des dogmes rémunérateurs.

En Pologne et en Russie ils font des Prosélytes ; en Russie surtout, où la Religion se prête aux systèmes mystiques et à tout ce qui tient à l'enthousiasme. Il y a de grands Personnages qui apostolisent ; et quoique l'Impératrice rejette tout ce qui tient aux faiblesses de l'esprit humain, il se trouve des Théosophes, même sous ses yeux, qui les évitent ou les bravent. Puisse son Successeur hériter de la même Philosophie ! Puisse cette vaste contrée ne connaître d'autre esclavage, que celui auquel la condamnèrent ses premiers maîtres !

Croirait-on que l'Angleterre, ce pays air l'on pense, n'est pas tout-à-fait affranchi de ces honteuses croyances ? Ce n'est pas un système complet, à l'instar de l'Allemagne, mais il y a des espèces de confréries où l'on dogmatise, où l'on soutient, par des secrets, le zèle des Initiés. Les progrès seulement sont moins rapides que partout ailleurs parce que les Anglais voyagent beaucoup ; et quoique la plupart voyagent très mal, ils apprennent cependant à connaître la masse des hommes, et du moins s'aperçoivent que partout c'est l'espèce la plus vile et la plus méprisable qui se dévoue au métier de tromper et d'abrutir la condition humaine.

Nous avons longtemps balancé à publier cet écrit. C'est sonner l'alarme, dira-t-on, c'est donner plus de consistance encore à une Secte naissante, qui renferme cent fois plus de Dupes, que d'Imposteurs. Jusqu'ici ces grands Corps, dépositaires de la science, n'ont pas embrassé ces dogmes nouveaux ; et n'y eût-il qu'un juste, il faut faire grâce, en sa faveur, à tant d'hommes dont tout le crime est de n'avoir pas reçu de la nature cette heureuse et rare perspicacité qui met à l'abri de la séduction.

Loin de nous de tels principes. C'est la pusillanimité qui prend le masque de la commisération. Quoi ! nous devrions nous taire, parce qu'on criera à la calomnie, au libelle, à la méchanceté ? La calomnie ! Mais il est des hommes que l'on ne peut pas calomnier. La noirceur de leurs projets est un abîme méphitique, dans lequel le vulgaire des mortels n'est pas capable de descendre, et qui serait encore inconnu sans les exhalaisons perfides qui se répandent au loin pour le malheur du monde... Un libelle ! Eh oui, sans doute, cet Ouvrage, où l'on parlera d'eux, en sera un ; car l'on n'aura que des vices à présenter, que des crimes à révéler, que l'hypocrisie à peindre La méchanceté ! Eh qui en est le plus coupable ? Celui qui laisse froidement égorger ses Concitoyens, ou celui qui place des sentinelles sur la route du précipice ? Il s'agit bien d'égards, de ménagements, de politesse, avec des hommes de fer, qui, le poignard à la main, marquent leurs victimes.

Suivez, suivez ces lâches principes ; vous, dont le métier est d'aduler les Rois, d'excuser leurs méprises, d'exalter les moindres élans de bienfaisance, et de diviniser quelques qualités douteuses. Achetez à ce prix, je ne dis pas même les honneurs, tous vains qu'ils sont, mais un peu d'or, digne présent de votre âme, et ne venez pas nous parler de votre amour pour la vérité, de votre philanthropie, de vos engagements avec la vertu ; *reprenez votre insolente estime* pour ces Filles du Ciel, et réservez-là pour les Dieux de votre Secte.

Quand on leur tient de semblables discours, ils ne peuvent répondre ; moins encore réfuter. Alors ils persécutent et substituent l'usage tyrannique de l'autorité, dont ils sont dépositaires, à l'usage du raisonnement qui les servirait mal. Pour échapper à l'odieuse réputation attachée aux Persécuteurs, ils détournent le cours des grâces, de la justice même ; car employer le talent modeste, est une dette qu'on acquitte. Ils détournent, dis je ; le cours des grâces de leurs Adversaires, et des laissent végéter dans cet oubli humiliant, qui équivaut à une persécution, la seule peut-être qui tourmente le génie. Méprisé, il va chercher des climats moins injustes ; ou s'il demeure inflexiblement attaché à ses pénates, c'est pour combattre, et arborer l'étendard de la raison. Alors les Partis se forment, les querelles naissent, les plans de défense se combinent, le mécontentement devient général ; les voisins ambitieux en profitent, les guerres s'allument, on place des Généraux Visionnaires à la tête d'une armée négligée, plus inquiète de l'argent qui la foudroiera, qu'empressée à défendre un pays qui lui est devenu étranger. On met aux premières places des hommes sans nerfs, sans génie, ou quelques hommes capables, mais qu'on a bien soin d'assujettir et de subordonner à la médiocrité en faveur. On anéantit la pensée par une surveillance inquisitoriale ; on enchaîne les presses, qui retiennent toute espèce de vérités, ou affligent la Religion fugitive et forcée de céder ses chaires et ses autels à des Dieux fantastiques ; on fait des Lycées de vastes solitudes, puisque là, où toutes les carrières sont remplies par des Illuminés, ce sont les Loges, et non les Universités qu'il faut fréquenter.

Ce n'est donc pas l'odieux plaisir de médire, quoiqu'il fût doux de venger l'honnêteté, qui nous a mis la plume à la main. L'espoir, faible il est vrai, oui, l'espoir d'enlever quelques hommes vertueux à la fascination des Illuminés, m'a soutenu dans cette carrière. Depuis quelques années, je me suis présenté dans l'arène sous des formes diverses. Tantôt enveloppé sous le voile de la fiction, quelquefois dans le champ clos d'une Académie, plus souvent dans des discussions approfondies, j'ai révélé d'étranges secrets. Je viens aujourd'hui envisager la matière sous des points de vue plus importants, et présenter une suite d'idées qui, par degrés, mènent à la conviction.

Cherchant la source du mal dans le penchant funeste qu'ont tous les hommes au merveilleux, un coup d'œil rapide sur les siècles de notre Ère, montre que tous ont à rougir d'incroyables erreurs ; dans aucun temps, elles n'ont laissé respirer la terre, elles se sont relevées, mais n'ont jamais disparu.

L'homme leur sourit, et semble se sauver dans leur sein des austères leçons de la vérité. Quelques pays privilégiés les naturalisent, et s'abandonnent à leur influence mensongère, tous l'accueillent du moins, s'ils ne se livrent pas.

Avec quelle chaleur l'Europe n'a-t'elle pas défendu les Jésuites, qui ont prêté tant de ressources au système théosophique. Ils existaient sous le diadème et sous la tiare, sous le casque et sous la mitre, sous le mortier comme sous le bonnet doctoral. Le même fanatisme qui les conservait a ressuscité depuis trente ans l'Ordre des Francs-Maçons languissant, et gardant sans peine un secret que personne ne s'empressait de savoir.

L'examen philosophique du régime des Francs-Maçons, nous a conduits à l'examen plus réfléchi encore de la Secte des Illuminés. N'était-il pas indispensable de séparer les idées vulgaires ou précipitées, de celle qu'on doit se former d'une association ténébreuse, dont les mystères se dérobent soigneusement à tout œil profane.

Il fallait parcourir ces Cercles fameux, le vrai secret de l'Ordre, le grand instrument des fourberies, ces laboratoires de, l'iniquité, où l'on forge des fers pour les Rois, et où l'on distille le poison pour les humains ; raconter ensuite ces épreuves terribles qui précèdent les serments, dont les scélérats même n'ont peut-être pas la formule, et n'oseraient du moins l'adopter pour lien de leurs complots, serments qui réalisent la sanglante fable d'Atrée, et couvriraient la surface de la terre d'une nation d'assassins :

Si ces alarmes sont exagérées, bien est-t-il vrai qu'on peut et qu'on doit croire que la, Secte des Illuminés détruira nécessairement le Royaume où elle sera protégée, et ne respectera pas même la société. Cette double vérité est aussi clairement prouvée que celle qui la suit ; c'est-à-dire, que les Rois eux-mêmes sont les plus intéressés à couper le pied de cet arbre empoisonné, dont les racines touchent aux enfers, et dont la tête ombrage leur trône.

Après le triste spectacle sur lequel nos yeux ont reposé trop longtemps, nous avons cherché quelque douce illusion dans les moyens d'effacer ces fatales impressions, et pesé sur ce que l'on en a pensé dans les âges qui ont précédé le nôtre. Cette idée seule, développée par une plume plus habile, laisserait dans l'esprit une réflexion profonde et bien défavorable aux Sectaires, réflexion qu'il faut fortifier par le portrait fidèle de leur Fondateur, et un coup d'œil impartial sur la situation où se trouvent les Nations réputées protectrices des erreurs à la mode.

Cette dernière partie de l'Ouvrage est terminée par l'offre de quelques moyens propres à affaiblir leur crédit. Nous avons rejeté à la fin des Notes Historiques. Il y a des morceaux traduits de l'Allemand, entièrement inconnus en France, et en Italie. La plupart des autres n'ont jamais paru. Ils pouvaient être bien plus nombreux. Nous en avons dit assez pour quiconque cherche à s'instruire.

Nous ne pouvons nous dissimuler que presque toutes nos idées ne soient dirigées contre l'Allemagne, et nos portraits d'après l'original. Cela même ne prouve-t-il pas combien ce Livre est nécessaire ? S'il existe des hommes tels que nous les avons peints, un danger imminent nous menace. Si nous n'avons offert que des Êtres imaginaires, ces feuilles voleront bientôt sûr la surface du fleuve d'Oubli, et n'exciteront pas même cette curiosité momentanée, qui est encore loin du succès.

Mais le même acte de sincérité qui livre au Public nos intentions, sera aussi garant de notre façon de penser sur un nombre considérable d'excellents Esprits, toujours animés, comme nous, d'une sainte horreur contre les Visionnaires.

Oui, l'Allemagne recèle dans presque tous les Ordres de la Société des cœurs honnêtes, qui gémissent sur les projets de ces Novateurs mystiques. Ils s'étonnent de ce qu'un pays, dont le caractère national repose sur la franchise, puisse être dénaturé au point de s'ouvrir à des Apôtres dont le ressort principal est l'imposture. Ils gémissent de ce qu'un Peuple, dont l'idole chérie est la Raison, se mette à la suite de quelques Insensés, qui professent la folie et enseignent des chimères. Ils emploient les deux ressources que le Ciel a mises aux mains du Sage, le mépris et la retraite. Ils pressent, ils animent ceux qui descendent dans l'arène.

Ils sentent, comme nous que le remède efficace serait peut-être une de ces grandes convulsions qui naissent de la chaîne des événements, sans qu'il soit au pouvoir des Rois de les éviter. Entraîné dans une de ces querelles sanglantes qui agitent l'Europe entière, une nation n'invoque plus des esprits ; l'habileté et l'expérience deviennent alors les Divinités Tutélaires du monde ; les préceptes se régénèrent, le courage, exerce son empire, chacun prend sa place, les Usurpateurs de renommées sont démasqués, les âmes fortes s'emparent d'une contrée, et devant elle on voit fuir et disparaître des hommes que le fort avait destinés

Dans les honneurs obscurs, de quelque légion,

à vieillir ou dans les travaux subalternes de quelques chancelleries. Quelle destinée ! Par quelle incroyable fatalité sommes-nous réduits à demander au Ciel ce qui est le dernier effet de sa colère, à quel excès nos malheurs sont montés, si tout notre espoir est dans le plus terrible des fléaux. Rien n'est plus vrai cependant. Il serait passager, et délivrerait peut-être le monde d'une erreur cruelle qui survivra plusieurs tièdes.

Quant à la France, on peut espérer, que dans cette mobilité de principes, qui rarement permet aux objets de jeter des racines profondes, ses Théâtres, ses Vaudevilles, et ses Modes viendront à son secours. Occupée de fréquentes fermentations, le Théosophisme deviendra difficilement une Religion complète. Il est par lui-même trop triste, trop insignifiant, pour agir sur un Peuple qui conserve encore quelque telle de gaieté, et qui a résisté aux tristes querelles du Jansénisme, aux discussions parlementaires, aux longues diatribes des Économistes, à la manie de penser, présents de la Philosophie moderne. D'ailleurs, cette Philosophie ne jette pas une lueur aussi chancelante que le voudraient quelques-uns de ses Détracteurs. Peu de mois s'écoulent sans qu'elle ne reproduise, avec succès, ses vérités éternelles. Il ne serait pas difficile de prouver qu'elle n'a perdu que l'enthousiasme, le sarcasme amer, le ton despotique, et qu'elle a renforcé ses preuves et augmenté sa clarté.

Il reste à examiner jusqu'à quel point il est permis de s'expliquer sur les Grands, et sur ceux qu'ils rendent Dépositaires de l'Administration. Presque partout ils sont comme l'arche du Seigneur. Quand on les touche, on est frappé dans sa liberté. Il me semble pourtant qu'un avertissement sage est un devoir plutôt qu'une licence, un hommage plutôt qu'une insulte : Offrir la vérité à un homme, c'est supposer qu'il l'aime ; n'oser le faire apercevoir de l'erreur, c'est agir comme, s'il en était complice. Non seulement ce n'est pas un crime d'écrire avec une courageuse liberté, mais c'en serait un de paralyser les plumes énergiques. Elles affaiblissent les vapeurs de cet encens qui enivre la puissance et le crédit ; elles arrachent l'un à l'engourdissement, l'autre à la dissipation ; elles plaident la cause du Peuple, de la vertu, de la sagesse ; trois choses qui rarement approchent des Cours, et qu'on y traite comme des Étrangers importuns. Si la vengeance trempe ces plumes dans le fiel de la satire, si l'intérêt personnel les dégrade, elles deviennent alors des armes impuissantes, mais rarement dangereuses ; car l'injure ne déshonore que celui qui l'emploie.

Ah ! que n'est-il un moyen de corriger les hommes de la manie de louer ! Un Prince envoie dix mille hommes à la boucherie, on le loue ; il accable ses Sujets d'impôts mal organisés, on fête le jour qui lui donna le Trône ; il fait un voyage inutile et dispendieux, à son retour il passe sous des arcs de triomphe ; l'ennui le promène périodiquement dans ses États, la foule s'assemble pour lui prodiguer des hommages qu'il ne mérite pas. L'Idole, accoutumée à ce concert perfide de louanges, s'irrite à la voix du Sage qui l'instruit, et ne se calme qu'aux fous flatteurs qui le distraient des sombres idées que laisse après elle l'austère vérité.

O Vérité sainte ! malgré ce froid accueil, ne t'éloigne pas du Trône des Rois ! Protège-les, malgré leur sensibilité, contre les illusions dont en les berce. Rends-nous le courage qui énerve la persécution ; imprime à nos Écrits ton caractère divin, et force l'homme à reconnaître ton empire. Tous les autres disparaissent sous la faux du temps, le tien seul est raffermi par ses tremblantes mains.

CHAPITRE PREMIER
Du penchant des hommes aux choses extraordinaires

Ce qui suspend le cours de nos observations ordinaires, ce qui trouble l'empire de l'habitude, s'empare bien aisément de notre esprit. Si les prodiges qu'on nous annonce prennent leur source dans des opinions religieuses, ou s'ils nous promettent quelques lumières sur cet avenir, objet confiant de nos frayeurs et de nos espérances, ils abusent notre raison et anéantissent presque son exercice, du moins les suspendent-ils. Nos connaissances, en apparence assez profondes, nos prétendus progrès dans l'art de penser, disparaissent devant le premier système théosophique. Les chaires chrétiennes retentissent des écarts de l'incrédulité, et jamais l'imagination n'obéit avec une facilité aussi aveugle à toute, espèce d'impulsion, pourvu que le premier moteur se cache derrière les sciences occultes.

Aurait-on prévu que la fin déshonorée de ce siècle serait témoin encore des fruits honteux de la crédulité ; que le flambeau de la philosophie pâlirait devant les torches du fanatisme ; que la patrie des Fontenelle ; des Montesquieu, des Voltaire, des Diderot, des Helvétius, des d'Alembert, accueillerait un S*****, un W****, un Cagliostro, un Lavater,[2] un d'****, et

---

[2] M. W**** est connu pour un honnête homme, que le zèle de la maison du Dieu des Illuminés dévore. Il assista, il y a quatre ans, au conventicule de Wilemsbad, dont le résultat fut un livre que personne n'a lu...... Cagliostro a perdu son crédit, dès que ses procès l'ont fait connaître. S'il savait faire des prodiges, il a eu une belle occasion de montrer son talent. Mais ce fameux procès n'a servi qu'à révéler des turpitudes. Redevenu libre, Londres n'a pas épousé la cause du Jongleur ; et la paisible Suisse ensevelit aujourd'hui les miracles et le thaumaturge. Lavater défendu avec maladresse, attaqué avec acharnement, suivi avec enthousiasme, est un grand homme à Zurich. Il ne sait pas lui-même le mal qu'il fait ; mais il fait tout le mal dont on l'accuse. M. d'**** a transporté au barreau l'enthousiasme qui l'avait fait. Quoiqu'il ait mérité son malheur, il faut le plaindre. Parmi ceux qui excitent de la commisération, il en est peu qui n'aient commencé par mériter le blâme.

vingt autres Théosophes, dont les noms devraient avoir le fort de leurs talents, c'est-à-dire demeurer à jamais inconnus.

Aurait-on prévu que l'Allemagne, à peine sortie des ténèbres où elle fut longtemps plongée, accréditerait les rêveries des imbéciles, ou le plan des imposteurs, laisserait s'assembler paisiblement des conciliabules, où l'erreur et l'imposture forment un corps de doctrine, et que la Prusse surtout, veuve du grand Frédéric, deviendrait le berceau de l'idiotisme pour les uns, et le foyer de la séduction pour les autres.

Aurait-on prévu qu'à l'instant où la politique appelait tous les Princes Germains sous l'étendard de la liberté, et à quitter cette obscurité profonde, à laquelle les condamne la petitesse de leurs États, ils chercheraient je ne sais quel fantôme de gloire dans la protection d'une Secte ténébreuse, qui, pour un bonheur, au moins douteux, donne un ridicule certain.

Oui, sans doute, on aurait dû le prévoir en jetant un coup d'œil sur les siècles passés. Mais on se contente de savoir en général, qui l'erreur a de tout temps régné sur la terre, et que précisément dans ses plus grands succès, elle a toujours pris les formes les plus obscures, et s'est constamment reproduite sous les idées les plus bizarres. Je ne placerai pas sous les yeux du Lecteur le catalogue effrayant de ses principaux délires ; il suffit de voir que depuis l'ère chrétienne, il n'y a pas un siècle qui n'ait vu naître une opinion erronée.

À peine le Christ eut-il cimenté sa doctrine de son sang, qu'un nommé Ménandre annonça « qu'une multitude de génies sortis de l'Être Suprême avaient formé le monde et les hommes. Les Anges créateurs, par impuissance ou par méchanceté, enfermaient l'âme humaine dans des organes où elle éprouvait une alternative continuelle de biens et de maux, qui finissaient par la mort... Ménandre assurait qu'il était envoyé par les Génies bienfaisants, pour apprendre le moyen de triompher des Anges créateurs. Ce secret consistait dans un bain magique, qu'on appelait la vraie résurrection. »

Cette doctrine dura plus de cent cinquante ans, et vient de reparaître à Paris sous le nom de Bons et Mauvais Esprits.

Dans le second siècle Judas, le traître Judas, trouva des adorateurs qui commencèrent par vénérer Caïn. « Ils engageaient les hommes à détruite les ouvrages de Dieu, et à commettre toutes sortes d'infamies, persuadés que les actions les plus criminelles conduisaient au salut. »

Les *Helcésaïtes* répandaient dans la Palestine même, que le Christ n'était qu'une vertu céleste, qui, dès le commencement du monde, avait paru de temps en temps sous divers corps. Les disciples de Maricon jeûnaient le samedi par aversion pour le Créateur, proscrivaient le mariage, et poussaient la haine de la chair jusqu'au suicide ; ne peut-on pas ainsi nommer la férocité de violer la palme du martyre. ?

Le troisième siècle nous montre les Valésiens, qui faisaient frémir la nature, et dont un des rites était cette honteuse mutilation, dont Origène donna l'exemple barbare (Note Iʳᵉ), Un Banquier met Melchisédech au-dessus de Jésus-Christ, nie la Divinité de celui-ci et trouve des Sectateurs tandis qu'à la même époque Paul de Samosate fait du titre de fils de Dieu une récompense, et non une essence divine.

Les *Circoncellions* s'avisent de donner la liberté aux Esclaves dans le quatrième siècle ; ils déchargeaient les Débiteurs de leurs engagements, le tout parce qu'ils étaient les Chefs des Saints, et dans cette qualité menaçaient de la mort les Créanciers ; tandis qu'à la même époque Pothin, Évêque de Sitmisch, niait la divinité du Rédempteur, et que les *Priscillianistes* en Espagne tenaient la nuit des assemblées de prostitution, où les hommes et les femmes nus priaient et avaient pour maximes de se parjurer plutôt que de violer le secret de ces mystères de débauche.

C'est au cinquième que *Palogi*, moine anglais, soutint que l'homme peut s'élever à un tel degré de perfection, qu'alors il n'est ; plus susceptible de passion, ni sujet au moindre péché. Erreur commode et chérie, renouvelée de nos jours sous d'autres noms.

C'est au sixième que les *Isocristes* cherchèrent à avilir les miracles des Apôtres, et que Gaien, Évêque d'Alexandrie, soutenait que Jésus-Christ avait un corps qui n'en n'était pas un.

Dans l'âge suivant, les *Eicètes* se mettent danser et à fauter, disant que c'était la grande manière de louer Dieu.

Le huitième ne fut occupé qu'à retenir la crédulité humaine, qui transportait aux images le culte dû à la seule Divinité. Et cinq conciles s'efforcèrent en vain d'éclairer la superstitieuse piété des fidèles.

Les Bulgares parurent dans le neuvième siècle, pours proscrire l'ancien testament, et annoncer que l'enfer était la digne récompense de tout mari qui donnait des enfants à la patrie. De son côté, le bénédictin Gotescale prêchait que Dieu nécessite tous les hommes à se sauver ou à se perdre ; et fouetté publiquement devant Charles le-Chauve, il offrait pour preuve de sa doctrine, de passer quatre fois par des tonneaux pleins de poix bouillante.

Une femme italienne se met à dogmatiser en Secret dans les environs d'Orléans ; sa doctrine perce et séduit même des Prêtres, qui, pour leur siècle, n'étaient pas sans réputation. Ils deviennent les échos de cette dame, et soutiennent ses erreurs dans un concile contre des Évêques, qui, au lieu de les convertir, voulaient les convaincre. Ils persistèrent, et pour dernière réponse on les condamna au feu.

L'archidiacre Bérenger, qui vivait en 1050, persuade à beaucoup de Prélats que le pain et le vin, après la consécration, n'étaient pas le corps et le sang né de la Vierge, et qui avait été attaché à la croix ; mais que le verbe s'unissait au pain. Ces incroyables questions étaient prés d'armer Henri Ier, Roi de France, contre les Sectateurs de Bérenger, lorsque divers conciles substituèrent les foudres de l'Église aux lances et aux arbalètes du brave et malheureux Henri.

À la fin du douzième siècle, des fanatiques abjurent la société, et pour signal prennent un capuchon blanc, au bout duquel pendait une petite lame de plomb.

D'après des actes de folie et de cruauté, ils se croyaient en droit de s'emparer de tout ce qui leur était nécessaire. Cartouche avait fait le même plan que ces schismatiques de la vie civile, qu'on nommait *Caputies*. Le pape Innocent III anathématisa, dans ce temps-là, les *Orbibariens*, infiniment plus coupables, puisqu'ils ne faisaient que nier le jugement dernier.

Vers le milieu du treizième, les hommes commencèrent à se fouetter. Un moine Dominicain croit désarmer le bras de Dieu à force de discipline, et l'on voyait des Prêtres, allant de ville eu ville, les épaules nues et le fouet à la main, se fustiger de pause en pause. Ceux qui ne donnaient pas dans ces manies étaient à la suite d'Amaury de Chartres, qui disait que la matière première était Dieu, et que les hommes étaient les membres de Jésus-Christ ; en grossissaient la secte des Albigeois, auteurs des contes de Lucifer banni du ciel et produisant le monde visible.

Après eux les *Beguards* vinrent en Allemagne apprendre aux mortels que la fornication n'était point un péché, mais que c'en était un très grave d'embrasser simplement une femme ; et *Dulcin* se donna pour successeur de Jésus-Christ, sous le nom de Chef du troisième règne. Peut-être faut-il avoir plus d'indulgente pour l'anglais *Wiclef,* qui articulait que la confession extérieure est inutile à un homme.... qu'on ne trouve point dans l'évangile que Jésus ait ordonné la messe.... qu'il est contraire à l'écriture sainte que les Ecclésiastiques aient des biens temporels.

C'est peut-être ce qui donna lieu aux opinionistes hérétiques du quinzième siècle, qui refusaient de reconnaître le Pape, parce qu'il ne pratiquait pas la pauvreté.

Jean Hus fut au-delà, et prétendit que Saint Pierre n'avait jamais été Chef de l'Église de Rome, et expia, dans le feu, une assertion que depuis M. Fréret n'a pas laissé problématique. Le seizième vit aussi l'inquisition allumer ses flammes à Cordoue contre les Illuminés, disciples de Villelpando, de l'île de Ténériffe, et d'une Carmélite, appelée Catherine de Jésus. Ils se déclaraient être, dans un état si parfait qu'ils ne pouvaient pas pécher, même en commettant les actions les plus infâmes.

Les Oints, plus adroits, avançaient qu'on ne pouvait faire d'autres péchés que de ne pas embrasser leur doctrine.

Un Jésuite vint dans le tiède suivant seconder les efforts de la Carmélite, et dire qu'on pouvait se livrer à toute espèce de volupté, pourvu que la partie supérieure demeurât attachée à Dieu par l'oraison de quiétude. Les folies du

Jansénisme, et les austérités, sont trop présentes à nos esprits, pour qu'il soit besoin de les retracer.

Enfin, l'âge où nous vivons, a vu les *Héernhutes*, chez lesquels Jésus est l'époux de toutes les sœurs, et leurs maris sont, à proprement parler, ses procureurs. Les filles se dévouent au Sauveur, non pour ne jamais se marier, mais pour ne se marier qu'à celui que Dieu aura fait connaître pour être régénéré, instruit de l'importance de l'état conjugal, etc. etc. etc.

Nous avons omis les Sectaires, qui admettaient les femmes à la prêtrise, et attribuaient à Ève, toutes les connaissances, parce qu'elle avait mangé du fruit de l'arbre de la science du bien et du mal.... Les Antiasistes, qui regardaient le travail comme un crime.... Les Libres, qui avaient les femmes en commun, et préféraient les mariages contractés entre frères et sœurs.[3]

Telle est l'histoire de l'esprit humain relativement aux idées religieuses. Les promoteurs de ces idées sont oubliés, ou, ce, qui est plus cruel, ne sont cités que pour être dévoués au mépris des nations. Par quel incroyable aveuglement prodiguons-nous notre respect, et notre confiance à leurs héritiers, dont les uns ne font que renouveler leurs anciennes extravagances, et dont les autres ne savent que les empoisonner ? Qu'est-ce donc que : notre science ? À quoi servent nos Universités nos Bibliothèques, nos Académies, nos progrès en Philosophie, nos voyages, si nous ressuscitons les mêmes erreurs qui ont valu aux siècles précédents les justes flétrissures de la postérité.

Tels ont été les hommes, tels ils sont. Un penchant invincible les entraîne vers l'absurde, vers le merveilleux. Le simple les trouve froids, la raison les ennuie, le bon les dégoûte, le vrai les fatigue, et la paix les assoupit, le bizarre les excite, la folie les amuse, le mauvais les tente, le faux les aiguise, le trouble leur donne de nouvelles forces. C'est dans les grandes querelles que les esprits se déploient, c'est dans les guerres civiles que l'énergie du caractère se développe ; c'est surtout le merveilleux qui entraîne la multitude à tous les

---

[3] Cette suite de citations paraîtra peut-être un peu longue à quelques Lecteurs ; mais il nous semble que ce tableau des erreurs humaines n'est pas sans intérêt.

excès de la crédulité : et lorsque certaines erreurs se sont emparées de l'opinion générale, elles ne l'abandonnent plus. On croit encore que l'éléphant n'a point de jointures, que l'autruche digère le fer, qu'il y a une année climatérique, et cent autres idées absurdes qui survivront bien longtemps aux lumières de ceux qui nous en ont démontré la fausseté.

Dans plusieurs pays cependant on accueille avec empressement les lumières profanes ; mais là même il reste dans la plupart des hommes une disposition toujours prête saisir un nouveau système religieux, et tout homme né avec de l'éloquence, les dons extérieurs et sensibilité aux plaisirs, est à peu près sûr de faire une secte, s'il a le courage de passer les dix premières années de son apostolat dans obscurité, dont il ne doit sortir que par un prestige, ou à la voix de la curiosité publique.

Après avoir considéré l'état et les penchants de l'esprit humain, examinons la disposition actuelle des différentes nations de l'Europe.

CHAPITRE II

Dispositions morales des Nations Européennes

Lorsque l'on considère les établissements nouvellement fait en Russie, en Espagne, à Naples, lorsqu'on lit les ouvrages qui sortent des presses anglaises et françaises, lorsqu'on repasse cette quantité de noms célèbres qui dominent au-dessus de leurs contemporains, on est porté à croire qu'il s'est fait une révolution générale dans la pensée et que les hommes d'aujourd'hui ont laissé bien loin derrière eux ceux qui les ont précédés. Mais lorsqu'on veut s'assurer à soi-même la vérité de cette observation, pour en devenir caution auprès de ses lecteurs, on est tout étonné de voir que les Grands et le peuple sont étrangers à ces institutions, et que dans la classe intermédiaire, les besoins journaliers de la société occupent une si grande portion d'humains, qu'il ne leur reste pas un quart d'heure dans la journée pour s'occuper de ce qui mène à la rectification des idées. Delà vient que la raison ne sait pas se défendre du joug que lui imposent les nouveautés, lorsqu'elles l'alarment : sur l'avenir, ou qu'elles l'invitent à des découvertes dont, le fruit est une jouissance inconnue.

Il est assez dans la marche de l'esprit humain de passer d'une extrémité à l'autre. Il existe depuis environ soixante et dix ans une façon de s'instruire qui mène à la vérité, s'il est au pouvoir de l'homme de la saisir. Cette-manière consiste à remonter par l'analogie, de la connaissance des objets soumis à nos sens, à peux qui leur échappent ; à fixer le degré certitude que nous devons à ces connaissances, et à commencer par le scepticisme désolant, pour parvenir au petit nombre de principes établis sur des faits, principes qui deviennent les lois de notre raison.

Cette façon de procéder a banni les erreurs grossières, a dévoilé les fourberies dont les intérêts puissants se faisaient des ressorts pour conduire les hommes. Ceux qui l'employaient, ne se sont pas renfermés dans de justes bornes, et n'ont quitté les ténèbres de la superstition, que pour se jeter dans le vague de l'incrédulité. Ils ont fourni des armes à leurs adversaires, et ne les ont combattus qu'avec la supériorité de la lumière sur l'ignorance. Ceux-ci, vaincus, ont cédé l'empire de l'opinion à la Philosophie, et se sont contentés d'avertir la foule de la hauteur despotique avec laquelle elle était traitée. On a détesté ces nouveaux Précepteurs du genre humain. Il s'est trouvé alors des Docteurs humbles dans leur doctrine avouant qu'ils n'étaient rien par eux-mêmes, et qu'on ne devait les considérer que comme des vases dans lesquels Dieu daignait verser ses révélations. Cette adroite modestie à consolé les esprits, jusque-là méprisés ; et l'on a prêté une oreille complaisante à des hommes qu'on a cru pouvoir égaler, et qui nous berçaient de l'espoir enchanteur de connaître l'avenir.

En France, où tout est tributaire de la mode, où chaque événement, où chaque opinion, où chaque nouveauté sont sûrs d'obtenir tour-à-tour un moment d'enthousiasme, on ne peut pas dire que le système visionnaire ait remplacé la Philosophie ; il existe encore trop de bons esprits, gardiens des bons principes : mais on ne peut pas nier cependant que ce ridicule respecte des associations naissantes, et que beaucoup de gens ne commencent à douter, ce qui suppose une demi-croyance. Cette multitude de livres sur la religion, faits par des personnes qu'on sait ne pas croire à la dominante ; ces sociétés harmoniques, cette adoption d'un système magnétique, dont le succès tient à l'union avec Dieu, comme si de faibles créatures pouvaient se permettre de croire qu'elles sont les intermédiaires entre Dieu et les créatures. Cette quantité de médecins spirituels, qui substituent des prières à la rhubarbe, et de l'eau bénite à la saignée, sont des nouveautés qu'on ne proscrit point assez. Des Corps respectables conservent dans leur sein des hommes dont il faut au moins soupçonner le bon sens, si on n'accuse pas leur sincérité. Des maisons ne s'ouvrent qu'aux partisans d'une certaine doctrine. Parmi ceux même qui ne font pas profession de croire aux dogmes nouveaux, il y a un certain éloignement pour tout ce qui tient au progrès de la raison. Ce qui vient de passer à l'occasion de l'Édit qui rend à la société les non Catholiques, n'en est-il pas une preuve ? Depuis cinquante ans on voulait effacer cette tache à la mémoire de Louis XIV. On a formé les vœux les plus ardents pour faire accorder une tolérance qui fait partie du droit des sujets ; et lorsqu'un Roi bienfaisant est sur le point d'exaucer tant de vœux, les difficultés sortent de toutes parts, on le force à restreindre ses dons, et à peine est-il promulgué, cet Édit, que des Prélats fanatiques élèvent leurs voix contre, et consignent dans des écrits imprudents, des opinions rebelles et des expressions injurieuses au Monarque, à la loi et à ses organes.

La Cour, il est vrai, repousse ces idées fanatiques, et nous ne puisons nos alarmes que dans la facilité avec laquelle s'opèrent quelquefois les plus étonnantes révolutions.

En Allemagne, le caractère national se prête davantage aux idées mystiques. La servitude y frappe tous les esprits ; il y a tant de connections entre la liberté de penser et la liberté civile ! Le culte religieux consiste en sermons. Dans cette foule de Prédicateurs, il en est, qui, pour se distinguer, prêchent une doctrine extraordinaire. Il en résulte un Mélange de catholicisme, de luthéranisme, de dogmes réformés ; qui ne donne jamais de notions claires sur ces grands objets.

En général, les Allemands studieux, appliqués, trouvent dans leurs Universités toutes les ressources possibles pour l'instruction. Mais peut-être y fait-on mieux ce qu'ont su ceux qui nous ont précédés, que ce qu'on devrait savoir pour le moment présent.

Cette idolâtrie pour l'antiquité n'est respectable qu'autant qu'elle nous sert d règle dans nos jugements sur les événements contemporains.

La plus grande partie des études est dirigée vers la Théologie ; aussi la moitié de cet amas volumineux, porté deux fois par an à Leipzig ; a-t-elle cette science divine pour objet. Que peut-on dire sur un sujet si rebattu ? Des analyses ou des interprétations ; des critiques ou de prétendues découvertes ; tout cela conduit à des systèmes. Des systèmes aux erreurs, des erreurs aux sectes, il n'est qu'un pas. Elles deviennent plus dangereuses chez un peuple opiniâtre, qui se croit dépositaire exclusif de la raison, et qui compte pour peu de choses les dons de l'esprit, de l'éloquence ; et l'art de faire des conquêtes.

La multitude des Cours favorise nécessairement l'ignorance. Partout elles sont l'asile de la frivolité, de l'intrigue, des tracasseries, etc. : en Allemagne, elles sont celui du désœuvrement. On cabale pour une clef, comme ailleurs pour un gouvernement. On sait tout ce qu'il faut savoir pour ces grandes fonctions, c'est-à-dire, rien ; et comme la secte des Illuminés est la seule au monde où l'ignorance soit une qualité précieuse, il n'est pas étonnant que des gens qui ne sont rien, et ne peuvent pas être différemment ; saisissent une occasion de devenir quelque chose. On peut hardiment faire remonter cette observation jusqu'à des rangs supérieurs. Car enfin, qu'est-ce que la vaillance isolée de toute espèce de talents, ou des grandes qualités du cœur ?

Vu la multitude de religions reçues en Allemagne, une nouvelle croyance ne fait pas autant de sensation qu'en France, où l'on n'entend prêcher qu'un seul dogme, où l'on ne voit que le même culte.

Il est des villes, des pays où l'on est plus occupé des sciences utiles que dans d'autres ; mais on n'on pourrait pas citer un où le parti de la raison domine avec empire. À Vienne même, théâtre de tant de petites révolutions, les sciences occultes ont des protecteurs dans les premiers rangs de la société ; et s'ils se cachent un peu mieux que dans certaines villes, ils n'en sont pas moins connus de ceux qui ont quelque intérêt à suivre les progrès de ces chimères.

La Pologne a reçu aussi les nouveaux principes, auxquels du moins la noblesse obéit, et les a fait passer en Russie, où ils règnent encore sur un petit nombre de prosélytes, l'Impératrice ayant hautement proscrit ces types de l'humaine imbécillité. Sans être inconnus en Suède, ils y sont faiblement protégés. Un des principaux chefs voit voulu les naturaliser en Danemark, mais l'on a sagement éloigné sa politique et sa mysticité.

Il semble que l'Italie s'est sauvée de pareille illusion ; et si Naples conserve encore quelques Adeptes nés du sang des Martyrs, on n'aperçoit leur influence, ni sur l'administration, ni sur les sciences.

Le Prophète de Zurich a pris l'Allemagne pour le théâtre de ses conquêtes, et a senti que ce n'est ni à Berne, ni à Lausanne, ni à Genève, qu'il faut prêcher sa doctrine, *de isto pane non vivit homo*. La Hollande ne tardera pas à faire un traité d'alliance avec le système théosophique, c'est un pays fait pour lui. Les Pays-Bas Autrichiens feront peu de résistance ; mais il ne passera pas les Pyrénées, l'Espagne voulant se régir par de tout autres principes, et se trouvant dans la convalescence de la fièvre où l'avait jeté le monachisme.

D'après cet aperçu, il est aisé de conclure que l'Allemagne sera le théâtre du théosophisme ; d'où il se répandra dans le Nord, et fera quelques excursions en France. Une des opinions des plus accréditées, c'est que le jésuitisme est ressuscité. Question importante et faite pour être examinée.

CHAPITRE III

Du Jésuitisme, comme source première du système théosophique

Quelle analogie y a-t-il entre un Ordre savant, livré aux études profanes, et une secte faisant profession d'ignorance et fuyant toute espèce de lumières ? Entre un Institut ambitieux, qui se faisait gloire de voler d'un pôle à l'autre, et de remplir l'univers de ses conquêtes ; et un régime obscur qui se traîne dans les ténèbres, rougit de son nom comme de ses fondions ? Entre un Corps défenseur de la Foi, et une confédération destructive de tout principe religieux ? Il y a cependant des points de contrat : les Jésuites, comme les Illuminés, sont acculés d'avoir des secrets, ainsi que l'ambition de gouverner les Rois, d'envahir la Monarchie universelle, et de tenir des lois opposées au bonheur général. Tous ont des protecteurs fanatiques et des ennemis acharnés. Jetons un coup d'œil sur cet Ordre célèbre, dont on a si souvent analysé les principes, soit dans les *Comptes rendus ;* fait dans un amas d'ouvrages de toute espèce dont on formerait une bibliothèque.

Les Jésuites, ni Religieux, ni Prêtres Séculiers, formaient une association d'hommes dont .lest engagements n'étaient indissolubles qu'à l'âge ; de trente-trois ans : Pour s'assurer de la fidélité de ses membres ; l'Ordre les élevait lui-même, et les imprégnait de les maximes. Cette éducation mettait à même de connaitre les moyens des individus ; et si l'on pouvait répéter l'expression de Voltaire, on *élevait à la brochette*, des poètes, des astronomes, des orateurs, des apôtres, des courtisans, des professeurs, des historiens : tous les talents divers trouvaient leurs places : Pendant que le P. Parennin tirait partie des Mathématiques à la Cour de Pékin ; le P. Lachaise jouait grand rôle à Versailles, et les beaux esprits Bougeant et Porée entraient dans les vues de l'Ordre, comme les Missionnaires de Maduré.

La base de l'Institut des Jésuites était l'étude.

On y consacrait les quinze premières années. Trois étaient destinées à la religion, quatre aux humanités, quatre à la théologie, quatre à la philosophie ; et ces quinze années avaient été précédées de cinq passées dans les Collèges que tenaient les Jésuites eux-mêmes. Ainsi, un enfant de dix ans développait sa mémoire, son intelligence, sa douceur ou son mauvais caractère dans ses premières classes. D'après ses succès, il était admis dans l'ordre, où, après deux ans de noviciat, employés à l'étude de la religion et à plier son naturel à l'obéissance aveugle, il allait, en qualité de Professeur, recommencer ses études. On voit qu'à moins d'être né avec un esprit tout à fait obtus, il fallait absolument devenir un homme capable dans un genre quelconque.

Tous les emplois de l'Ordre n'exigeaient pas le même degré d'instruction. Ceux qui étaient chargés de l'administration des biens temporels, ceux qui gouvernaient les maisons, les simples Pénitenciers, n'avaient besoin ni de sciences, ni de génie.

Le temps était tellement distribué, que dans toute la journée on n'avait qu'une heure et demie à soi, partagée en deux conversations publiques. On pouvait s'y entretenir sur toute espèce de sujets, excepté des Rois, des affaires politiques, de la théologie.

La sévérité des mœurs n'avait jamais à s'alarmer d'un propos libre, et la calomnieuse imputation de l'amour ; Socratique ne se soutient ni par des faits devenus publics ; ni par ces honteux procès qui révèlent les turpitudes les plus scandaleuses.

Il serait bien difficile de définir la religion des Jésuites. Le seul moment qui les réunissait pour prier était huit heures du soir, où ils récitaient les litanies. Quelques personnes ont cru que dans aucun corps il n'y eut autant de Déistes.

Répandus sur le globe entier, depuis les extrémités de la Cochinchine jusques dans les forêts du Canada, ils étaient gouvernés par un seul homme, plus despotiquement que par le Monarque, le plus absolu. Les richesses étaient assez abondantes pour que l'on ne fût jamais dans le cas de savoir qui il existait des besoins dans la vie. La plus parfaite égalité rendait toute espèce d'ambition infructueuse. : Même logement, même vêtement, même subsistance ;

supérieurs, inférieurs ; jeunes ; vieux, tous rentraient dans cette même obéissance devant le Général, résidant à Rome. Jamais l'esprit de corps n'a montré son empire comme chez les <jésuites. On était orgueilleux de son état ; les Moines étaient tenus pour mauvaise compagnie, les Prêtre séculiers pour ignorants. Ceux qui s'étaient entièrement livré, dévoué à l'Ordre, passaient pour des amis solides ; et les liens de l'amitié étaient si peu resserrés entre les membres de la Compagnie de Jésus, qu'il est souvent arrivé à tel Jésuite, habitant la même maison, de n'avoir pas parlé à tel autre deux fois, dans, le cours d'une année. Était-on malade ? Fallait-il prendre des eaux ? Se trouvait-on avoir un père, une mère dans l'indigence ? l'argent se trouvait prêt ; et l'on avait tellement accoutumé les esprits à mépriser ce vil métal, qu'on ne le mettait, jamais au nombre des jouissances.

L'esprit jésuitique investissait l'ensemble de la Société : l'enfance dans les Collèges, l'âge mûr dans les Congrégations, la vieillesse par le Sacrement de Pénitence. Ils remplissaient tout à la dois les chaires profanes et les chaires saintes ; les Académies et les Bibliothèques ; les livres des uns achevaient ce que l'éloquence des autres avait ébauché. Ils faisaient des Mandements pour les Évêques, des Réquisitoires pour des Avocats Généraux, des Discours pour les Présidents, des Extraits pour des Ministres ; c'était une pépinière universelle, une espèce de manufacture générale où se fabriquait tout ce que tient à l'esprit. Paris en était le siège pour la France. Les Provinces y contribuaient en y faisant passer les meilleurs esprits. Même marche en Espagne, en Italie, en Allemagne, en Pologne. La plus grande faute en politique que Rome pût faire, c'est la suppression de l'Ordre, qui seul pouvait soutenir Rome. Ce qui le distinguait, était le zèle et l'esprit de conquête ; les deux grands ressorts de toute Religion. Ce ne sont ni les schismes, ni les persécutions qui désoleront Rome ; mais l'insouciance et l'habitude de prendre la Religion pour un ressort politique, capable d'être employé avec succès par tout Souverain sage.

Quand on a dit que les Jésuites méditaient la conquête du monde, on a peut-être rencontré assez juste ; mais on a mal saisi leurs vues. Ils n'aspiraient pas à renverser les Trônes, à usurper les Couronnes ; mais ils voulaient devenir les Hiérophantes de toutes les Religions, le premier Corps enseignant. Sans doute qu'après quelques siècles, ce n'aurait plus été l'humble Religion de Jésus ; mais celle qui l'aurait remplacée sous le même nom aurait obtenu des Peuples le même respect que le Christianisme dans la primitive ferveur.

Il n'est pas surprenant qu'un Ordre aussi fécond en ressources se fût ouvert l'entrée du cabinet des Rois, et ne jouât un grand rôle sur le théâtre du monde ; qu'il fût jalousé, haï, proscrit ; mais aussi défendu avec fanatisme, et sauvé même des foudres de Rome en en conservant du moins les débris. Ce n'est pas, ici le moment d'examiner si la France surtout devait jamais céder à l'impulsion parlementaire, détruire un Corps qui ne sera jamais remplacé, et dont le vide s'agrandira de génération en génération. Mais il s'agit d'examiner quel parti la Secte des Illuminés a pu tirer du Jésuitisme.

D'abord se présente à l'esprit ce régime fameux avec lequel le Cardinal de Richelieu, voulait gouverner le monde ; mais est-il applicable à une Société aussi informe ? Comment des hommes dont la physique, la raison et la bonne foi décomposeraient en un jour tout le système, peuvent-ils être comparés à ceux qui avaient fondé leur manière d'exister sur toutes les sciences, sur la plus profonde sagesse, et sur l'utilité la plus réelle pour toutes les branches de la Société. Les uns employaient leur vie laborieuse à enseigner, à répandre les germes des connaissances : les autres font jouer leur coupable manœuvre pour éteindre le flambeau des sciences, et épaissir l'atmosphère dans lequel s'exécutent leurs tristes machinations. Les Jésuites, avaient renoncé à toute dignité ; ils ne pouvaient devenir ni Évêques, ni Cardinaux ; ils ne pouvaient accepter ni bénéfices, ni trésors. Les Illuminés dévorent tout, places, honneurs fortune, gouvernement, et excluent des grâces quiconque n'est pas dans leur système. Les Jésuites annonçaient à l'Univers les qualités, la gloire de leurs Protecteurs ; Louis XIV leur doit, en partie, sa haute renommée ; c'est chez eux que Boileau apprit à composer ses ouvrages, qu'il corrigeait avec eux. Les Illuminés tiennent leur Chef dans un oubli anticipé, et s'enveloppent de ces ténèbres qui accusent l'innocence et la capacité.

29

Il y a cependant aussi des traits de ressemblance. Les deux Ordres veulent disposer de la volonté des Souverains. Tous deux ont une Religion adaptée à leurs vues, tous deux soumettent les Candidats à de nombreuses et longues épreuves ; tous deux sont disséminés dans les différents Ordres de la Société ; car il y avait des Jésuites sous l'habit militaire, comme sous la simmare d'un Président. Tous deux ont des Apôtres voyageurs, et dès lors espions. Si l'un a ses serments effroyables, l'autre avait ses vœux austères. Dans les deux associations, on voit des secrets réservés à l'expérience ou à la grande capacité.

Il est apparent que les Illuminés ont trouvé dans le régime des Jésuites des bases et de quoi inspirer une sorte de confiance soit aux Partisans de l'ordre, soit à ses ennemis, convaincus que si on l'avait épuré c'était toujours une grande Institution. Mais jusqu'à quel point ont-ils abusé des idées d'Ignace de Loyola ? C'est ce que le temps nous apprendra. Le système des Illuminés n'est point d'embrasser les dogmes d'une Secte te, mais de tirer parti de toutes les erreurs, et de concentrer dans elle-même tout ce que les hommes ont inventé de fourberies et d'impostures, puisqu'ils font servir la pensée à l'intérêt, et les dons de l'esprit à l'aliment de leurs passions.

Il n'est pas moins important d'examiner l'influente d'un Ordre plus ancien que celui des Jésuites, et qui, sans avoir été à l'abri des persécutions, n'a cependant jamais essuyé de ces disgrâces qui attentent à l'existence : je veux parler de l'Ordre des Francs-Maçons.

CHAPITRE IV

De la Franche-Maçonnerie, considérée comme l'établissement le plus utile aux
Illuminés

Cette Institution, respectable par son antiquité et par ses deux bases premières, l'égalité et la charité, a tour-à-tour essuyé des inscriptions et l'appui le plus déclaré ; mais toujours les respects de la multitude, l'indifférence du sage, et la tolérance les Gouvernements raisonnables. Rien ne peut exister sans des formes. Vraisemblablement ce secret tant recherché, et jamais trahi, n'est autre chose que ces formes qui donnent un corps à cette association, dont l'humanité n'a jusqu'à nos jours recueilli que des bienfaits. Je parle de la Maçonnerie Anglaise, Française, non éclectique, non-réformée, composée d'hommes étrangers à la Chimie comme aux Sciences occultes, à l'administration des États comme à l'évocation des esprits, aux unions mystiques comme aux enchantements.

Cet Ordre fournit le moyen de faire des épreuves sur les hommes ; point essentiel pour une secte qui ne peut employer que des instruments perfectionnés dans l'art de tromper le vulgaire. Tous les mortels ne sont pas propres, même à porter les vices au plus haut degré.

Quels que soient les travaux des Maçons, ils donnent lieu à une association ; cette association entraîne des assemblées ; ces assemblées sont remplies par des discours éloquents ; de l'éloquence religieuse au fanatisme il n'y a pas loin ; ces discours excitent le désir de connaître. Les connaissances sont attachées aux grades ; les grades sont le prix du zèle ; le zèle conduit à des engagements ; les engagements aux serments ; les serments à tout.

Ces travaux sont entremêlés de fêtes, de cérémonies de repas. L'homme vu dans ces moments de liberté laisse souvent échapper sa pensée. L'observateur, qui jamais ne perd son objet de vue, saisit les nuances du caractère, à travers ces différentes impressions ; et se trouvant à même de répéter souvent ses observations, elles acquièrent un degré de vérité qui rassure contre le danger de confier des secrets.

Un Ordre qui ne reconnait pas les distinctions sans lesquelles la société a cru ne pouvoir se soutenir, est bien sûr d'en imposer à la multitude. Les Grands trouvent une certaine vanité à descendre aux dernières classes, et celles-ci éprouvent une certaine satisfaction à traiter les Princes et les Grands avec une entière familiarité. Ces signes extérieurs qui doivent exprimer la tendresse, sont en usage chez les Maçons plus que dans aucune autre confrérie.

Il n'y a nul point de rapprochement entre les Maçons et les Jésuites. Autant de froideur chez ceux-ci, que de cordialité chez les autres : jamais de repas, de familiarités, d'embrassements chez les uns ; toujours des banquets, des attouchements chez les premiers. Les Illuminés tirent des deux un égal parti ; et si l'on ressuscitait les Initiés de l'antiquité et les Templiers du douzième siècle, ils maintiendraient les quatre institutions et les plieraient à leurs besoins. Si les Jambliques, les Plotins, les Porphires, que M. de Paw appelle avec raison les trois plus grands visionnaires qui aient existé, revenaient prêcher leur doctrine parmi nous, ces mêmes Illuminés les accueilleraient et leur procureraient les Souverains pour protecteurs et leurs sujets pour disciples. La différence qui se trouve, c'est que les visionnaires des siècles passés menaient à l'erreur et à des extravagances quelquefois sublimes, et que ceux du nôtre mènent à l'imbécillité, à la dégradation de l'espèce humaine.

Je ne sais qui a dit que la franche-maçonnerie n'était qu'un jeu d'enfants joué par des adultes. Jamais il n'est permis de plaisanter sur une institution dont les résultats sont en faveur de l'humanité. Mais quelles que soient les mystérieuses pratiques des Maçons, elles existent et c'est tout celui intéresse les Illuminés. Le bien ou le mal, le vrai ou le faux, le juste ou l'injuste, rien de tout cela ne les occupe. Ils tireraient également parti de la bande de Cartouche et de l'Ordre des Chartreux. Je suis forcé de répéter jusqu'à la satiété que rien de pareil n'a encore paru sur la terre ; qu'un grand nombre de ceux qui composent l'Ordre, ne sont pas capables de saisir les conséquences de leurs coupables erreurs, et de peser la force du coup qu'ils portent au genre humain.

Ils ont persuadé aux Princes, que l'on gouvernerait difficilement les peuples s'ils étaient éclairés ; que loin de protéger efficacement les sciences, il fallait insensiblement ramener les temps de barbarie, et replonger leurs nations dans les ténèbres ; que l'ignorance était l'état naturel de l'homme ; que ce n'était qu'avec des hommes instruits que l'on faisait la guerre et des conquêtes. Les Princes, étrangers à l'art de méditer, avides de puissance, ont embrassé ce perfide conseil, et livré leur confiance, leur sceptre, leur gloire, leur pays, leur peuple, à cette secte ambitieuse, qui a commencé par les dépouiller de ce qu'ils craignaient de perdre,

Avant d'aller plus loin, il s'agit de dénoncer aux nations le malheur qui les menace.

CHAPITRE V

Ce que c'est que la Secte des Illuminés

Peuples séduits, ou qui pouvez l'être, apprenez qu'il existe une conjuration en faveur du despotisme contre la liberté, de l'incapacité contre le talent, du vice contre la vertu, de l'ignorance contre la lumière ! Il s'est formé au sein des plus épaisses ténèbres, une société d'êtres nouveaux qui se connaissent sans s'être vus, qui s'entendent sans s'être expliqués, qui se servent sans amitié. Cette société a le but de gouverner le monde, de s'approprier l'autorité des Souverains, d'usurper leur place en ne leur laissant que le stérile honneur de porter la Couronne. Elle adopte du régime jésuitique ; l'obéissance aveugle et les principes régicides du dix-septième siècle ; de la franche-maçonnerie, les épreuves et les cérémonies extérieures ; des Templiers, les évocations souterraines et l'incroyable audace. Elle emploie les découvertes de la physique pour en imposer à la multitude peu instruite ; les fables à la mode, pour éveiller la curiosité et inspirer la vocation ; les opinions de l'antiquité, pour familiariser les hommes avec le commerce des esprits intermédiaires. Toute espèce d'erreur qui afflige la terre, tout essai, toute invention servent aux vues des Illuminés. Ainsi, les baquets du magnétisme, la désorganisation des somnambules, les visions des faibles, la dévotion outrée, le dérangement de l'esprit, les obscurités métaphysiques du tableau de la nature, la maçonnerie éclectique, la stricte observance, la mysticité du Docteur de Zurich, le catholicisme accommodé aux principes des Réformés, le jésuitisme ressuscité, tout sert également à leurs vues, tout devient cause et instrument ; ils ne rejettent rien de ce que le commun des hommes proscrit : et sans l'admettre par conviction, ils le laissent subsister comme moyen de multiplier les opinions, les épreuves, base sur laquelle repose la nouvelle confédération. Son but est la domination universelle. Pour y appeler, sans imprudence, des Coopérateurs, il faut les bien connaître. Pour les connaître, il faut les avoir essayés au secret, au fanatisme, à l'ambition, aux coups hardis (voyez Notes V et VI), aux actions dangereuses. Pour cela, les séances de la rue Platrière, le conventicule de Willemsbad, les nocturnales de Berlin, sont également propres, puisqu'il ne s'agit que de s'assurer du courage de l'âme chez ceux qu'on appelle à l'exécution des plus périlleux projets. Il n'est pas nécessaire que ces nombreuses Assemblées, autorisées par les Gouvernements, se doutent seulement de ce que méditent les Illuminés. Deux d'entre eux suffisent dans une Loge de quatre à cinq cents personnes, pour juger, apprécier, pénétrer le caractère moral de ceux que la Secte compte s'approprier. Le reste de la Loge, qui n'entend parler que de grades, de repas, de chansons, de cérémonies, d'œuvres de charité, tient pour calomnieux tout ce qu'on débite ; et défend avec une confiance tout-à-la fois risible et fanatique, ceux qu'elle croit martyrs de l'iniquité ou de la prévention. Les Illuminés ont aussi l'adresse de combler d'honneurs de simples Maçons, dont la probité est reconnue. Le Vulgaire, et par ce mot ce n'est pas le Peuple que je veux désigner, mais les hommes qui réfléchissent peu, le Vulgaire, dis je, confond les objets, et se rend caution de la probité d'*Oronte* et de *Cléon*. Eh ! sans doute *Oronte* et *Cléon* sont des hommes vrais des Citoyens zélés des amis brûlants ; mais dupes eux-mêmes de leurs Chefs, ils sont les premiers ressorts d'une machination dont ils ignorent le but, et des gens plus adroits montrent au monde la probité d'*Oronte* et de *Cléon*, comme une caution de la pureté de leurs mystères, et donnent par elle un démenti imposant à quiconque élève des doutes sur l'innocence de ces séances ténébreuses.

Il y a donc un certain nombre d'êtres parvenus au plus haut degré d'impostures. Ils ont conçu le projet de régner sur les opinions, et de conquérir non des Royaumes, non des Provinces, mais l'esprit humain. Ce projet a quelque chose d'insensé de gigantesque, qui ne cause ni alarmes, ni inquiétudes ; mais lorsqu'on descend aux détails, lorsqu'on rapproche ce qui se passe sous nos yeux des principes cachés, lorsqu'on aperçoit une révolution prompte en faveur de l'ignorance et de l'incapacité, il faut en chercher la cause ; et si l'on trouve qu'un système révélé et connu explique tous les phénomènes qui se succèdent avec une effrayante rapidité, comment ne pas y croire ?

Nous comprenons, dira-t-on, peut-être que quelques hommes audacieux conjurent contre leur Patrie, dans l'espoir téméraire de réunir sur eux le pouvoir, la fortune, la Couronne même ; mais comment se figurer plusieurs milliers de conjurés ? Comment le secret, l'harmonie se maintiendront-ils au milieu de tant d'intérêts si différents ? Aux yeux de quiconque connaît les hommes, une semblable union ne devient-elle pas chimérique, extraordinaire, incroyable, unique ? Oui : mais non pas chimérique. N'ai-je pas annoncé que nulle calamité pareille n'avait encore affligé la terre. Observez que les Membres de la Confédération Mystique sont assez nombreux en eux-mêmes ; mais non pas relativement aux hommes qu'ils doivent tromper. Jusqu'ici la proportion est peut-être d'un a mille, et cela suffit pour replonger la terre dans les ténèbres.

Pour bien saisir cette proportion, il faut se faire une idée jolie de la force de l'homme coalitionné. Un fil ne peut pas élever un poids d'une livre, mille fils enlèvent l'ancre d'un vaisseau. La source d'un fleuve est presque toujours un ruisseau inutile ; grossi d'une quantité d'autres, il devient un canal vaste et profond qui voiture les plus grands bâtiments sur ses ondes, d'où il les livre à la mer. Ainsi l'homme est un être faible, imparfait ; éloquent il touche à l'enthousiasme, adroit il fixe la fausseté, raisonnable il approche de la timidité. Sa gaieté est voisine de la dissipation, sa philosophie est insouciance, son activité confusion.

Mais si plusieurs hommes mêlent ensemble ces demi-qualités, ils se tempèrent, se fortifient les uns les autres ; l'éloquence devient une persuasion irrésistible, l'adresse est prudence consommée, la raison est la règle du vrai, l'ordre préside à tout, le faible cède au plus fort. Le plus habile tire d'un chacun ce qu'il peut fournir. Les uns veillent tandis que les autres agissent ; et cet ensemble formidable arrive au but quel qu'il soit. Cela se voit dans les armées, dans les Corps de Magistrature, dans les grandes Sociétés de

Commerce. C'est une Compagnie de Marchands qui a conquis le Bengale, et ce n'est que pour le conserver qu'il lui a fallu des troupes.

C'est d'après ce principe que s'est formé la Secte des Illuminés. On ne peut, il est vrai, ni nommer ses Fondateurs., ni circonstancier les époques de son existence, ni marquer les gradations de ses accroissements, parce que son essence est le secret ; les actes se passent dans les ténèbres, ses Grands-Prêtres, honteux, se perdent dans la multitude. Cependant il a percé assez de choses pour étonner et attacher des Observateurs, amis de l'humanité, sur les pas mystérieux des Sectaires. Quelques Transfuges ont cru devoir expier les fautes de leur jeunesse crédule, en révélant ce qui leur inspira une salutaire horreur dans l'âge d'une raison plus exercée, et telle est la voie par où nous est venue insensiblement cette vérité funeste que nous livrons aux yeux des mortels.

CHAPITRE VI

Des Cercles

Les Cercles sont des Comités administrateurs de la Secte. Il y en a autant qu'on juge en avoir besoin. Ils sont répartis dans différentes Provinces, et composés chacun de neuf personnes. Initiées aux mêmes secrets, connues par les mêmes épreuves, liées par les mêmes serments, imprégnées des mêmes principes, correspondant entre elles avec des hiéroglyphes inconnus au reste du monde ; et malgré ce langage ténébreux, elles ne confient pas leurs dépêches, Dépositaires des Complots, au service public, et emploient des voies de communication aussi mystérieuses que leurs chiffres.

Ces Cercles ont des voyageurs anonymes. Ce sont ordinairement des hommes d'un extérieur simple, espèce de Gens de Lettres, affectant la philanthropie. Ils vont épier les secrets des Cours, des Collèges, des Tribunaux, des Chanceliers, des Consistoires, des Familles, et reviennent enrichir les Cercles d'un amas de délations, de notes sur le caractère des Gens en place, sur les faiblesses des Princes ; ils révèlent les occupations et les défauts des Philosophes, qu'ils appellent les ennemis ; les murmures prudents mais inévitables, de ceux qui se voient constamment oubliés, les plaisanteries déplacées, sans doute, mais nullement séditieuses, dont aucun Gouvernement n'est à l'abri ; les projets d'avancement des pères pour les fils, ou de chaque individu pour arriver à un, meilleur sort ; les plans politiques d'agrandissements ou d'association.

Tout est mis sous les yeux du Cercle qui, profitant des odieux résultats de, cette ténébreuse inquisition, apprend ainsi à connaître les objets de ses prédilections ou de ses vengeances ; qui doit être desservi ou préconisé, que l'on doit élever ou perdre, ou du moins ceux dont il faut se défier ou cultiver les fanatiques dispositions. Cette perfidie ne s'exerce pas dans une Ville, dans une Province, mais dans tout un Royaume, mais dans les États les plus reculés, de sorte qu'il est possible que l'Empereur ait le double des dépêches du Cabinet de Versailles, et que celui de Postdam connaisse les projets de la Russie comme les siens propres.

Ces connaissances, ainsi dérobées aux Rois comme aux Particuliers, circulent, comme par un fil électrique, d'un lieu à un autre, et forment la base de cette administration secrète, dont nous n'apercevons pas les effets. De là vient que nous passons de surprise en surprise, lorsque nous voyons paraître certains Personnages dans les affaires du Gouvernement, comme arrive un Dieu de l'Olympe à l'Opéra, excepté que celui-ci descend du séjour de la gloire, et que l'autre monte souvent du sein de la fange.

Dés que l'on est aussi complètement instruit, on peut tout prévoir ; et dès lors tout empêcher, tout préparer, et faire tout réussir.

Comment s'est opérée cette espèce de prodige politique ? Rapidement, puisque la superstition a commencé par s'emparer des Princes ; ceux-ci ont ouvert leurs trésors ; et avec un fanatisme et un trésor, on peut changer la face du globe.

Par quel enchantement les Princes ont-ils été amenés à cette croyance ? Le voici. Il ne reste à désirer à ceux qui possèdent tout, que la certitude ou l'espoir de jouir long temps ; il importe à ceux qui jouissent de tout, de jouir sans remords. Or, ou promet aux Rois une vie prolongée au-delà des bornes ordinaires par des élixirs, et la paix avec eux-mêmes par des interprétations favorables à leurs penchants.

En général, ce système de perversité ouvre le champ le plus vaste à toutes les passions des hommes ; le Chrétien véritable, et dès lors un peu enthousiaste, y aperçoit une ressource sûre pour réchauffer tels esprits en faveur de son culte un peu délaissé, et pour ressusciter l'antique confiance dans les Prêtres trop abandonnés et presqu'avilis depuis qu'une raison curieuse a démasqué leurs artifices. L'amant frénétique de la liberté y entrevoit on moyen d'abaisser les Rois devenus à ses yeux des despotes altiers, qui pèsent sur le globe, et abusent de l'empire que nos aïeux fragiles leur laissèrent prendre. Le fauteur de l'esclavage, au contraire, croit déjà voir les peuples garrottés, ne connaissant plus, ni leurs droits imprescriptibles, ni leurs moyens formidables, ni le besoin dont ils sont ; et redevenus plus que jamais des instruments serviles dans la main de fer qui les conduit à la mort ou à la charrue, l'imposteur se félicite d'une époque propice à ses vues, où son langage, son astuce sont des ressorts devenus nécessaires, et s'exercent avec opiniâtreté à l'hypocrisie, à la dénonciation, à tous les vices de son exécrable métier : dans une sphère plus élevée, les Catilina, les Cromwell, les Machiavel, les Richelieu, voient arriver leur moment ; ces êtres meurent, mais ne disparaissent pas de la terre, et jamais le système de la Métempsycose ne s'est si bien réalité. Les uns préparent leur perfide éloquence, les autres des ouvrages empoisonnés ; ceux-ci la chambre des avortements, ceux-là le salon des oubliettes (Note VII). Ce tableau, tout effrayant qu'il est, ne paraîtra pas exagéré, si l'on a toujours sous les yeux qu'il s'agit d'une secte où la bonne foi est une duperie, le génie un obstacle invincible, le mensonge un talent précieux, et l'ignorance une qualité requise ; d'une secte qui a conçu le projet de faire des folies humaines autant de spéculations de fortune ; qui, ayant besoin de talents inégaux, s'est assujetti toutes les classes de la société, et a attaché la chaîne au plus bas étage de la vie civile jusqu'au plus élevé, pour circonscrire les Rois, depuis le moment où ils voient le jour, jusqu'à celui qui les rend au sommeil éternel.

La Maçonnerie prêta, sans le savoir, ses mystères, son langage énigmatique, ses lignes, ses chiffres, la considération que bien des siècles lui avaient value, à ce détestable projet, et servit à éprouver les Candidats. Les tabliers, les rubans, les figures tantôt sépulcrales, tantôt pastorales, devinrent tout-à-la-fois des pièges et des récompenses. Sous prétexte de réforme ou de perfectionnement, il se forma d'autres sectes dont on retira le même avantage. Tels furent les Frères Initiés de l'Asie ; et d'autres dont nous serons obligés de rappeler la ridicule et funeste histoire.

Pourquoi tant de préparatifs ? Le voici. Il fallait lier tellement la Religion à la politique, que la première se changeât en un ressort pour conduire l'autre ; établir un espionnage si secret, si soutenu, si vigilant, si invisible, qu'il ne restât rien d'inconnu aux chefs de l'audacieuse entreprise ; puiser les moyens essentiels dans les grandes passions, de manière que les Grands abandonnassent leurs volontés à qui saurait caresser leurs goûts ; affaiblir du moins ceux dont on ne pourrait dompter l'opiniâtreté ; gouverner la pensée et maîtriser les vues de ceux que la nature avait organisés pour penser, pour voir par eux-mêmes.

Des projets si téméraires ne pouvaient être confiés sans imprudence. De là les initiations apparentes : je dis apparentes, car on n'en tenait pas moins les catéchumènes à une distance incommensurable du sanctuaire des perfidies. On tâcha d'en imposer par des noms illustres ; on acheta le silence des mécontents ; on mendia la protection des puissants ; on taxa la multitude crédule, qui devait payer, non seulement le plaisir de satisfaire une curiosité puérile, mais se soumettre à une cotisation arbitraire, avec laquelle des mains plus habiles élevèrent l'édifice. On paraissait ouvrir le temple avec trop de facilité, mais on n'observait pas que la foule demeurait dans le parvis, et se contentait de demi-confidences, de lignes extérieurs, de mots mystérieux que l'on se laissait arracher un à un, de repas où l'on ménageait une sobriété extrême, un silence adroit, pour rendre plus piquante la récréation qui le suivait.

Ces préludes nécessaires furent suivis de réformes fastueuses ; sous prétexte de tendre à une plus grande perfection, on diminua les grades, on simplifia les cérémonies, on supprima des coutumes antiques ; les festins devinrent plus rares et moins somptueux ; on imagina des comités, première atteinte portée à ce principe bienfaisant, l'égalité parfaite. Les Anglais, réputée fondateurs de l'Ordre, furent acculés de le laisser dégénérer, les François de le travestir en scènes d'amusements. Sur les débris des régimes anciens s'élevèrent plusieurs systèmes sous le nom de *Stricte observance*, des *Loges éclectiques*. Les Orateurs se montrèrent plus obscurs et plus pathétiques. Des exclamations, des sons de voix prolongés, de grands gestes, des pleurs font bien plus d'impression que des raisons déduites avec clarté et même avec chaleur. Les changements occasionnèrent des querelles ; les imaginations s'échauffent, le zèle se rallume, le fanatisme l'embrase ; au milieu de ces convulsions l'on apprend à connaître les têtes fougueuses, capables de tout braver, les âmes pusillanimes, prêtes à tout abandonner ; les hommes adroits, trouvant, à travers les troubles intestins, une route vers la fortune ; les hommes indécis, flottant sans cesse entre leurs sentiments intérieurs et les impulsions étrangères. Quelques Princes se jetèrent au milieu de ces extravagances religieuses. Les uns prêtèrent un nom illustre, je ne sais pourquoi, il est vrai, mais enfin il l'était ; les autres des secrets prétendus, qui pouvaient rendre inutiles les dons périodiques, du Pérou et du Chili. Ceux-ci une éloquence qui aurait séduit, si elle eût moins fatigué ; ceux-là des secours pécuniaires, genre d'arguments bien plus efficaces que les ressources de l'esprit ; ici des asiles où l'imposture, ailleurs démasquée, venait se faire oublier de la multitude, pour agir encore sur quelques amis, de l'erreur ; là des protections coutre la vérité qui s'arme quelquefois des foudres de l'éloquence, et livre au mépris public des aveugles volontaires.

Parut alors une espèce de catéchisme manuscrit, auquel on supposait la plus haute antiquité ; les plus habiles, ou plutôt les plus charlatans, se mirent à l'interpréter. On communiqua, sur la foi du serment, les versions tronquées. Le vulgaire des Maçons ignore jusqu'à son existence ; mais quelques hommes de moteurs austères d'une physionomie béate et d'un caractère intolérant, furent reconnus pour des commentateurs profonds. Ils firent connaître des parcelles de leurs ouvrages à quelques *Frères voyageurs ;* ceux-ci, dans leurs rapports, exagérèrent la beauté du texte, supposèrent un génie extraordinaire à ceux qui s'en occupaient, hâtèrent leur célébrité en leur prêtant des prodiges qui jamais n'existèrent. C'est ainsi que, degrés par degrés, on mûrit l'esprit humain pour le fanatisme, et que l'on établit les fameux cercles, mouvement principal de toute la machine.

L'homme destiné à les former, doit avoir une de ces physionomies qui ne se décomposent jamais ; soit qu'on lui annonce le malheur qui abat, ou le succès qui enivre ; la contrariété qui désespère, ou la condescendance qui lève tous les obstacles. La trempe de son esprit doit être d'observer, plutôt que de briller, de convaincre, plutôt que de plaire. Il lui faut un caractère impénétrable, peu sensible au blâme public, ou aux phrases de la renommée ; une âme de glace pour les plaisirs, de feu pour la fortune ; un cœur indifférent aux doux sentiments de l'amitié, mais non aux conseils altiers de la vengeance ; des dehors modestes, mais non négligés, plus de politesse que de franchise, plus de penchant à l'économie qu'à l'ostentation, plus de méditation que d'étude : des mœurs assez pures, un mépris réfléchi pour l'espèce humaine, l'activité de l'intrigue, une extrême modération dans l'usage des sentiments paternels ou filiaux, et de ceux qu'inspire la nature : il doit se croire capable de recevoir tous les dons du Ciel, susceptible surtout de la grâce invisible, et pour cela afficher hautement que la science des hommes n'est qu'erreur, que la lumière est ténèbres, et surtout abjurer entre les mains des Chefs Illuminés, tout principe quelconque reçu dans l'enfance, adopté par l'âge qui la suit, consacré par l'habitude, de manière qu'il ne demeure aucune trace réelle du catholicisme pur ou réformé.

L'homme que je viens de peindre, n'est ni l'homme de la société, ni l'homme de la nature : c'est un composé peu estimable, mais rare, et là où il existera, il sera essentiellement dangereux.

Chaque membre d'un cercle appartient également à tous les autres, de sorte qu'un Vénitien arrivant pour la première fois à Breslaw, introduit dans le cercle de cette ville, est admis aux mêmes secrets que ceux qui le composent depuis dix ans, et se trouve aussi intimement lié que s'il avait la même patrie et les habitudes nées dans l'âge, heureux de l'innocence.

Ces cercles sont donc les points de correspondante, les fanaux posés sur cette mer d'iniquités ; et pour faire mieux saisir cette chaîne invisible, j'entrerai dans un détail plus circonstancié. Francfort sur le Mein, par exemple, instruit Mayence, Darmstad, Neuvied, Cologne, Weimar. Weimar éclaire Cassel, Göttingen, Wetzlar, Brunswick, Gotha. Gotha porte sa lumière à Erfort, à Leipsick, à Halle, à Dresde, à Dessau. Dessau se charge de Torgau, de Vittemberg, de Mecklembourg de Berlin. Berlin communique avec Stettin, Breslau, Francfort sur l'Oder. Francfort prend soin de Königsberg et des villes de la Prusse. En suivant cette échelle, on voit clairement qu'il y a des liens assez resserrés entre Mayence et la Pologne, et que tout un pays est bientôt connu dans ses parties les plus cachées.

Que le Lecteur maintenant étende cette communication de Royaume à Royaume, et qu'il suppose un centre où aboutiraient les plans de ceux qui administrent l'Europe, on voit alors quels sont les véritables maîtres de chaque pays ; Cet aperçu ne suffit pas cependant pour faire apercevoir la profondeur du précipice où la Secte entraîne les humains ; il faut pénétrer plus avant dans ce labyrinthe d'horreurs.

CHAPITRE VII

Des épreuves usitées pour constituer un Illuminé Membre d'un Cercle

À quel régime peut-on enchaîner la volonté des hommes, et les rendre fidèles à l'exécution d'un projet aussi neuf ? Telle et l'objection la plus puissante aux yeux de la plupart des hommes. Il serait aisé de l'affaiblir en rappelant ce qu'a produit le fanatisme dans tous les temps. Cela nous jetterait dans une trop longue digression, et je passe tout de suite aux faits.

Je tiens ces détails effrayant de deux hommes d'abord séduits par l'apparence des vérités, devenus Maçons de bonne foi ; parce qu'un Ordre qui a la charité et l'égalité pour base en imposera aux cœurs sensibles, comme aux esprits bien faits. Sur le point de vendre leur opinion, d'enchaîner leur liberté, de prostituer leur conscience, ils reculèrent glacés d'une juste horreur à l'aspect des lois qu'on allait leur imposer ; tous deux, à différentes époques, m'ayant raconté les mêmes faits, sans être convenus de m'en instruire, dans des villes éloignées, sans pouvoir deviner que les événements nous réuniraient plusieurs années après. Leur récit est devenu pour moi une espèce de preuve mathématique. Il est des choses que l'on n'invente pas le caractère moral ajoute aux raisons de crédibilité ; et mes Auteurs ont le suffrage même de ceux dont ils n'ont pu ni dû embrasser les principes funestes.

Lorsqu'un homme bien zélé, bien crédule, a passé par tous les degrés qui, d'illusions en illusions, de promesses en promesses, mènent à croire que des mots sont des choses, que des chimères sont des réalités, que des corps sont des esprits, ou plutôt lorsqu'on s'est assuré qu'un homme a les funestes qualités dont on a besoin, on lui propose de se donner à l'Ordre et de consacrer sa résolution, réputée chancelante, par des serments. On ne lui en communique pas la formule, dans la crainte bien fondée qu'il reculerait d'effroi ; il est averti seulement qu'il va faire un pacte avec le Ciel, le Ciel ! qui a remis aux hommes son glaive vengeur, pour le tourner contre ceux qui enfreindraient leurs paroles.

Si le Récipiendaire mal instruit, accepte, sur la foi de celui qui le prépare à l'initiation, il est conduit au travers d'un sentier ténébreux dans une salle immense, dont la voûte, le parquet et les murs sont couverts d'un drap noir, parsemé de flammes rouges et de couleuvres menaçantes. Trois lampes sépulcrales jettent de temps en temps une mourante lueur, et laissent à peine distinguer, dans cette lugubre enceinte, les débris des morts soutenus par des crêpes funèbres ; un monceau de squelettes forme, dans le milieu, une espèce d'autel ; à côté, s'élèvent des livres, les uns renferment des menaces contre les parjures, les autres l'histoire funeste des vengeances de l'esprit invisible et des invocations infernales, qu'on prononce longtemps en vain.

Huit heures s'écoulent ; alors des Fantômes traînant des voiles mortuaires traversent lentement la salle et s'abîment dans des souterrains, sans qu'on entende le bruit des trappes ou celui de leur chute. On ne s'en aperçoit que par l'odeur fétide qu'ils exhalent.

Ainsi l'Initié demeure vingt-quatre heures dans ce ténébreux asile, au milieu d'un silence glaçant. Un jeûne sévère a déjà affaibli sa pensée. Des liqueurs préparées ont déjà commencé par fatiguer et finissent par exténuer ses sens. À ses pieds sont placées trois coupes, remplies d'une boisson verdâtre. Le besoin les approche des lèvres, et la crainte involontaire les en repousse.

Enfin, paraissent deux hommes qu'on prend pour des Ministres de la Mort. Ils ceignent le front pâle du Récipiendaire avec un ruban aurore, teint de sang, et chargé de caractères argentés, entremêlés de la figure de Notre Dame de Lorette. Il reçoit un crucifix de cuivre de la longueur de deux pouces, (observez que ce sont des Luthériens et des Réformés qui font usage de ces images et reliques, si sévèrement proscrites dans leur culte). On suspend à leur col des espèces d'amulettes, revêtues d'un drap violet. Il est dépouillé de ses habits, que deux Frères Servants déposent sur un bûcher, élevé à l'autre extrémité de la salle. On trace sur son corps nu des croix avec du sang ; et un esprit vêtu en blanc lui vient lier les testicules avec un cordon rose et ponceau.

Dans cet état de souffrance et d'humiliation, il voit s'approcher de lui à grands pas cinq fantômes armées d'un glaive, couverts de draps dégoûtants de sang. Leur visage est voilé ; ils étendent un tapis sur le plancher, s'y agenouillent, prient Dieu, et y demeurent les mains étendues en croix sur la poitrine, et puis prosternés la face contre terre dans un profond silence. Une heure se passe dans cette pénible attitude. Après cette fatigante épreuve, des accents plaintifs se font entendre ; le bûcher s'allume, mais ne jette qu'une lueur pâle ; les vêtements y sont consumés ; une figure colossale et presque transparente sort du sein même du bûcher. À son aspect, les cinq hommes prosternés entrent dans des convulsions insupportables à voir ; images trop fidèles de ces luttes écumantes où un mortel aux prises avec un mal subit, finit par en être terrassé.

Alors une voix tremblante perce la voûte, et articule la formule des exécrables sermons qu'if faut prononcer : ma plume hésite, et je me croie presque coupable de les retracer.

« Au nom du Fils crucifié, jurez de briser les liens charnels qui vous attachent encore à Père, Mère, Frères, Sœurs, Époux, Parents, Amis, Maîtresses, Rois, Chefs, Bienfaiteurs et tout Être quelconque à qui vous aurez promis, foi, obéissance, gratitude ou service. »

« Nommez le lieu qui vous vit naître, pour exister dans une autre sphère, où vous n'arriverez qu'après avoir abjuré ce globe empesté, vil rebut des Cieux. »

« De ce moment vous êtes affranchi du prétendu serment fait à la Patrie et aux Lois ; jurez de révéler au nouveau Chef que vous reconnaissez, ce que vous aurez vu ou fait, pris, lu ou entendu, appris ou deviné, et même de rechercher, épier ce qui ne s'offrirait pas à vos yeux. »

« Honorez et respectez l'Aqua Toffana, comme un moyen sûr, prompt et nécessaire de purger le globe par la mort ou par l'hébétation de ceux qui cherchent à avilir la vérité ou à l'arracher de nos mains. »

« Fuyez l'Espagne, fuyez Naples, fuyez toute terre maudite. Fuyez enfin la tentation de révéler ce que vous entendez ; car le tonnerre n'est pas plus prompt que le couteau qui vous atteindra en quelque lieu que vous soyez. »

« Vivez au nom du Père, du Fils, et du Saint Esprit. »

Si le patient se soumet à prononcer devant lui les mêmes paroles, on place exactement un candélabre garni de sept cierges noirs ; à ses pieds est un vase plein de sang humain, on lave son corps ; il en boit la moitié d'un verre, et il prononce les paroles fatales. On lui délie ensuite les testicules. Une sueur froide découle de ses joues livides. À peine il se soutient sur ses jambes défaillantes. Les Frères se prosternent ; et lui tremblant, déchiré de remords, jeté dans une espèce de délire attend sa destinée. Tels sans doute sont les scélérats revenant du meurtre : tel Oreste retirant le couteau des entrailles de sa mère.

Aussitôt que la cérémonie est finie, le Récipiendaire est jeté dans un bain, au sortir duquel on lui sert un repas composé de racines.

J'atteste l'Honneur, la Vérité, le Ciel, que le contenu de ces horribles serments m'a été révélé par de personnes égarées dans les ténèbres des Illuminés. La proposition d'entrer dans une pareille conspiration leur a rendu la raison et le courage. Ce crime, présenté dans toute sa difformité, épouvante et glace d'horreur.

Il existe donc au milieu de nous un amas d'hommes inconnus qui, pour ainsi dires ont abjuré l'humanité, et sont devenus étrangers à tous les liens qui unissent les hommes. La juste défiance va donc bannir de la terre la sûreté, la concorde. Car enfin l'homme, dans le sein duquel on épanche ses secrets, n'est peut-être plus maître de lui-même ; il s'est vendu à d'impérieux tyrans, qui se sont emparés de son être entier, jusqu'à sa pensée. Peut-être sommes-nous surveillés par des Génies malfaisants ou par des Esclaves timides qui, pour n'être pas inutiles, suppléent à ce qu'ils ne voient pas.

Si l'on relit tout ce qui a été écrit depuis six ans sur les Illuminés, si l'on rapproche la lettre de M. R. Rollig, que nous ne voulons pas extraire de crainte qu'on ne nous accuse de la tronquer ou de l'embellir, mais que l'on trouvera toute entière dans les Pièces Justificatives ; si l'on se rappelle cette quantité de faits rapportés dans un grand nombre d'ouvrages publiés depuis dix ans, et que le Journal de Berlin (Note XIII) a fait connaître avec autant de courage que d'impartialité ; si l'on considère l'invincible horreur que conçoivent pour cette

Secte les hommes honnêtes, sensés, patriotes, l'homme le plus incrédule s'alarmera, et du moins voudra examiner pas à pas le danger de l'influence d'une pareille Société, sans s'égarer dans des craintes chimériques ; il soupçonnera cependant que la raison, l'honnêteté, l'amour du vrai, ne le sont pas confédérés pour rien ; et qu'eux, qui ne voient pas ordinairement le mal où il est, ne l'auraient point aperçu où il n'est pas.

CHAPITRE VIII

Que la Secte des Illuminés doit nécessairement détruire le Royaume
où elle sera protégée

Tout en parlant contre l'enthousiasme, nous nous garderons bien d'y tomber. C'est après avoir médité longtemps que nous nous sommes décidés à avancer une assertion où les gens les plus froids trouveront du premier coup d'œil une forte exagération. Examinons si j'ai abondé dans mon sens ; exposons la manière dont j'ai envisagé les objets.

Toutes les Nations de l'Europe sont liées aujourd'hui par des intérêts réciproques. Elles font dépendre leur mutuelle tranquillité de ce qu'on appelle l'*équilibre*. Dès qu'il survient une querelle entre deux grandes Puissances, la plupart ne peuvent plus s'en tenir à cette neutralité, qui a quelquefois si prodigieusement enrichi les Nations qui y demeuraient fidèles. Il n'est plus même possible qu'un peuple demeure dans un état de stagnation, tandis que les autres avancent dans la carrière des connaissances humaines, ou ce peuple stationnaire deviendra bientôt la proie de qui daignera s'en emparer.

Le commerce est aujourd'hui l'occupation première de toutes les Nations. Elles tendent à s'affranchir de l'indépendance. Chez les unes, il suppose une double marine ; chez les autres, une simple marine marchande. L'une et l'autre exigent des lumières de tout genre. Les peuples, auxquels leur position défend d'en avoir, entretiennent d'immenses armées, elles exigent des connaissances de toute espèce ; et quoiqu'il ne soit pas essentiel que chaque Officier soit complètement instruit, du moins faut-il qu'il y en ait un très grand nombre qui soient vraiment savants.

Les finances ne sont plus l'art facile de colliger les deniers où ils se trouvent ; les peuples, à force d'avoir été victimes de la rapacité, ont appris à défendre leurs propriétés contre l'avidité des traitants. Il y a donc un art d'amener les peuples à des contributions nécessaires, sans les fatiguer, sans les décourager. Pour asseoir les impôts sur des objets réels, pour les répartir avec équité, pour simplifier la perception, il faut pousser loin les ressources de la science économique. En Angleterre et en France, ces opérations exigent peut-être du génie, et partout une habileté réelle.

Les sciences, en général, agissent beaucoup plus qu'on ne croit dans l'administration des États. Les Mathématiques, pour la guerre, la marine, l'artillerie, les inventions mécaniques, la navigation, etc. ; la Physique, pour l'agriculture, les engrais, les mines, l'hygiène, la teinture, les verres, les arts, ceux surtout qui exigent le feu pour premier agent ; .... la Logique, pour l'éducation primitive, la jurisprudence, les négociations, l'usage de la pensée, etc. L'expérience journalière nous prouve que les nations les plus avancées rendent leurs rivales tributaires.

Outre les connaissances essentielles que chaque peuple tâche de s'approprier, il existe encore depuis environ cinquante ans, une autre science qu'on appelle économique. Elle embrasse la théorie de l'impôt, le tableau gradué de la population le système des banques, la balance du commerce, l'usage de l'or, les droits du peuple, les fautes des administrations. La contrée où ces grands objets sont les mieux discutés, prend nécessairement sur les autres une supériorité qui les tient toutes à la seconde place.

Or, la secte des Illuminés tend par essence à détruire les germes de ces connaissances, et à les faire, tout-à-fait disparaître d'un pays ; elle ne peut supporter le jour de la raison ; les plus épaisses ténèbres peuvent seules assurer ses projets. Que deviendrait aux yeux des savants, et bientôt, dans l'opinion publique, une société où il est question de spectres, où tout est l'inspiration d'une puissance cachée, en vertu de laquelle les hommes ne sont plus que des machines mues par d'invisibles ressorts.

Il faut établir un nouvel ordre de choses, et faire croire ce que jusqu'ici l'on a rougi d'adopter. Il faut déposséder du suffrage universel les hommes dont jusqu'ici nous avons recueilli avec respect les opinions et les pensées. Il faut démontrer que les Académies, les Universités, les Bibliothèques répandent l'erreur, et que la vérité réside chez une petite portion d'hommes nouveaux qui, par leur rapport immédiat avec des substances plus épurées, ont su dans quelques années ce que la terre avait ignoré. Est-il possible de supposer que les hommes feront le sacrifice d'idées acquises à tant de frais ? n'est-il pas plus naturel de prévoir que les disputes s'allumeront, ramèneront, sur la terre la discorde qui s'éloigne, mais ne disparait jamais tout-à-fait ; ou que les dépositaires des véritables lumières déserteront un pays d'insensés, et le livreront à l'empire de l'erreur ?

Jusqu'ici les hommes ont su que l'application conduisait à la capacité, et la capacité aux places. Dans cet espoir, chacun s'est rendu capable, aussi dans chaque carrière rarement est-on embarrassé lorsqu'il s'agit de remplacer les vides que laissent la vieillesse, la mort ou l'inconstance ; mais du moment qu'il sera prouvé que l'habileté est une chimère, et que pour parvenir, il suffit de croire ce que personne n'a cru, ou renoncer à l'étude stérile, on ira implorer la fortune sous des climats moins injustes.

Il est même impossible que le zèle ou le talent se fassent jamais jour. Supposons que le choix des Souverains se portât en secret sur un individu cité pour son expérience et son amour du travail, et que l'intention bienfaisante du Monarque soit surprise ou devinée par les Illuminés, ils commencent de loin à inquiéter sa confiante, à semer de légères préventions contre l'objet de leur jalousie, sans afficher ouvertement le projet de nuire. On convertit les malheurs en imprudences, les imprudences en torts, les torts en fautes, les fautes en crimes. S'il est gai, on l'accuse de légèreté ; s'il elle grave, on soupçonne sa franchise ; s'il est ardent, on le croit dangereux ; s'il est timide, on suspecte sa capacité ; on pèse d'autant plus sur ses défauts, qu'on et censé ignorer les projets qu'il a inspirés. Par la raison contraire, on vante avec le même désintéressement apparent, les qualités de celui que l'on veut placer ; son éloge se trouve partout, quoique son nom soit à peine prononcé. Quand on dispose dans un pays de l'imprimerie, de la poste et des chaires, il n'est rien qu'on ne puisse faire croire, même avec une habileté fort ordinaire. Un Roi, homme comme tout autre, ne peut juger que sur ce qu'on lui présente. S'il est tellement circonvenu que toutes les vérités lui soient déguisées, et que l'univers soit pour lui concentré dans la sphère soudoyée qui l'entoure, et si tout ce qui l'entoure a un intérêt égal à le nourrir de fausses opinions, n'est-il pas évident que le peuple est à la merci d'une horde ambitieuse qui le dévorera ?

Cet amour sacré de la patrie, qui, dans tous les âges, exhaussa la hauteur naturelle de l'homme et agrandit ses facultés morales s'éteindra, car il n'y aura plus de patrie. On rougira d'un pays où l'ignorance sera naturalisée, d'être gouverné par des chimères dégoûtantes, jusqu'à ce qu'enfin on s'accoutume tellement à être l'objet du mépris des nations pensantes, qu'on ne sentira même plus sa turpitude.

Que deviendrait une armée où la gloire, les distinctions seraient pour les adeptes d'une secte persécutrice déclarée de la loyauté et de la franchise ? où le soldat, justement effrayé, croirait voir sans cesse autour de lui les ombres menaçantes de ceux qu'il a dû immoler la veille, le poursuivre, comme les Furies déchiraient Oreste.

Victimes volontaires, qui vous offrez à la patrie, et qui bravez la mort sous l'œil de l'honneur, n'est-ce donc pas assez d'exiger votre vie ? faut-il encore attrister vos derniers instants, et élever autour de vous les nuages de l'incertitude ? Et vous, nobles compagnons de la gloire, accoutumés à mettre en commun les palmes et les dangers, et dont l'état brillant repose sur la franchise, jusqu'au milieu des camps on porte la défiance ; ce n'est plus l'ennemi que vous avez à redouter ; à vos côtés veille la trahison. Gardez-vous de ces moments de joie qui compensent les jours de fatigue. Si dans cette ivresse permise, un mot échappe de votre bouche imprudente, il est recueilli, conservé, révélé ; votre vie entière expiera dans les grades obscurs l'expression d'un mécontentement passager.

Non ! les drapeaux ne les retiendront pas. Celui qui et capable de se dévouer pour la patrie, fuira avec horreur un assemblage perfide d'espions et de délateurs.

Parcourez les états de la société ; ceux qui tiennent la balance de Thémis, ceux qui impriment au commerce cette bienfaisante activité, les dépositaires des sciences, les administrateurs de la chose publique, les défenseurs ou les gardiens de la Religion, et les censeurs des mœurs, tous agents nécessaires dans la vie civile, ne peuvent concilier leurs fonctions avec les statuts de l'ordre des Illuminés : que deviendra un Royaume sans tribunaux protecteurs des loi ; sans le commerce intérieur qui répartit avec une égalité précieuse les premiers besoins de la vie, sans ces hommes laborieux qui tiennent leur patrie au courant de leur siècle, c'est-à-dire, qui transportent sur le sol qu'ils habitent, tout ce qui se découvre, se réalise, se perfectionne dans le reste du globe ?

Un simple rapprochement mettra cette vérité dans un grand jour. Quel est celui que l'on doit charger du timon des affaires ? Quel est l'homme sur qui doit reposer la confiance publique ? Je veux désigner par cette expression sévère un homme de génie, dont l'expérience ait mûri le savoir, un homme de caractère, dont les événements aient éprouvé les qualités, un homme de travail, que la multiplicité des affaires n'ait pas lassé ou usé ; j'entends un homme heureux, fécond en ressources, élevé dans ses vues, ferme dans l'exécution, clair dans ses exposés, habile dans ce qui appartient à l'art de négocier ; au-dessus de la louange, de l'intérêt, de la gloriole, de l'instabilité, du malheur, de la calomnie ; attaché à ses maîtres, mais vendu à sa patrie, zélé pour la gloire du Trône, mais passionné pour le bien public, serviteur fidèle, mais surtout l'homme du peuple.

À côté de cet homme rare, placez un Illuminé parfait, c'est-à-dire, un être faible, crédule, enclin à croire tout ce qu'on lui dit ; un esprit bercé de visions, de chimères, de conjectures, d'idées hors nature, fermé à tout ce que renferme l'histoire des siècles précédents, rejetant ce qui n'est pas annoncé par les oracles ou revêtu d'une formule miraculeuse ; un homme qui ne voit rien par lui-même et n'obéit qu'à la voix des délateurs, ou dont les guides principaux sont des conseillers fantastiques. Lorsqu'on fait profession de vivre dans un autre monde, on n'a ni vues, ni spéculations pour celui-ci ; l'Illuminé est sans patrie, sans parents, sans concitoyens ; il a brisé tous les liens qui l'attachaient à la Société, et éteint le flambeau qui éclaire les hommes d'État, la raison.

Vous nous avez dit plus haut, objectera ton, que les Sectaires ne croient pas intérieurement ni aux esprits révélateurs, ni aux Dogmes ; cela est incontestable, les Chefs savent à quoi s'en tenir. Alors ce n'est plus l'illuminé dont je viens de tracer le portrait, c'est un imposteur conjuré contre le genre humain ; c'est l'assassin de l'État ; il ne faut pas le plaindre, mais le proscrire.

Ainsi, sous quelque jour que l'on envisage les membres de cette coupable institution, les Royaumes doivent succomber sous les coups de l'imposture, ou par l'incapacité de l'ignorance. Il y en a qui, par leurs forces, résisteraient à vingt ans d'une mauvaise Administration ; tels sont la France, les États de l'Empereur ; il en est qui regorgent de talents, de lumières, si j'ose m'exprimer ainsi, telle est l'Angleterre, la Suisse ; il en est dont personne ne s'inquiète, et qui n'excitent ni alarmes, ni envie, tels que le Danemark et la Sardaigne ; mais il en est qui ont besoin de tous les ressorts d'une excellente Administration pour se maintenir à côté de ses rivaux, et qui baisseront dès qu'ils cesseront de monter.

S'il est vrai, comme a voulu le prouver un savant Académicien, que la force d'un État dépend du caractère de son *Gouvernement et du caractère national de ses habitants,*[4] qu'espérer d'un Illuminé, c'est-à-dire d'un homme qui n'a point de caractère, ou qui doit essentiellement nuire ?

O vous ! que la puissance invisible qui dirige les mondes, a mis à la tête des Nations, jetez les yeux sur ces vérités ! Ne nous sacrifiez pas à une poignée d'insensés fanatiques. Ne regardez nos livres que comme un avertissement salutaire d'un grand danger. Pourquoi troublerions-nous notre existence ? Pourquoi nous livrerions-nous au danger qui menace les plumes courageuses, si nous ne connaissions toutes les calamités qui s'amassent sur vos têtes ? Si nos intérêts vous trouvent insensibles, que le vôtre du moins éveille les craintes salutaires, et vous appelle à un examen réfléchi. Car vous serez les premières victimes, immolées à l'idole de la superstition ; vous, qu'on aime et qu'on

---

[4] Nous sommes loin d'adopter tout ce qui se trouve dans cette brochure ; mais il serait curieux de la lire à d'en faire l'application au sujet que nous traitons. Si par hasard il se trouvait des Illuminés dans les États Prussiens, ce serait la plus forte satire que l'on ait écrit contre eux. Son estimable Auteur n'a jamais été soupçonné de favoriser une Secte aussi méprisable aux yeux de tout homme qui a cultivé sa pensée.

plaint, Monarques prévenus, n'en croyez pas à nos assertions ; mais allez interroger la vérité au fond des cœurs vrais ; et incorruptibles ; ils se comptent sans doute, mais il n'est pas impossible d'en trouver.

CHAPITRE IX

Les Rois sont les plus intéressés à détruire la nouvelle Secte

Il n'est pas aisé de marquer la différence qui le trouve entre un Royaume et un Roi dans la matière que nous traitons ; car si le pays est détruit, il est clair qui le trône sera renversé ; il faut en conséquence un peu mieux détailler nos idées, et les fixer de la manière la plus claire. Nous ne voulons pas dire que le pays ou régneront les Illuminés cessera d'exister ; mais qu'il tombera dans un tel degré d'humiliation, qu'il ne comptera plus dans la politique ; que la population diminuera, que les habitants qui résisteront au penchant de passer dans une terre étrangère, ne jouiront ni du bonheur d'être considérés, ni des douceurs de la société, ni des présents du commerce. Oubliés du reste de la terre, leur vie obscure ne sera qu'une longue végétation. Étrangers aux arts consolateurs, coulant des jours tristes sous la domination d'êtres fantastiques, il semble que ces demeures ténébreuses, séjour des expiations, existent déjà pour eux.

Or, qu'est-ce qu'un Roi qui règne sur des hommes ainsi dégradés, qui ne participent aux êtres immatériels que par des frayeurs ? Quels services trouvera-t-il dans des êtres qui reconnaissent un maître au-dessus de lui ? ou il sera admis à ces funestes secrets, et il autorisera cet abominable régime ; alors il s'éveillera avec l'idée qu'il vit au milieu des traîtres, et que de plus grands intérêts peuvent le faire sacrifier, comme on lui découvre à lui-même tout ce qu'il veut savoir. S'il n'est pas initié à ces horribles mystères, il est donc le jouet d'une horde ambitieuse et fanatique, qui s'est emparée de sa volonté ; le voilà donc condamné à servir les passions de tout ce qui l'entoure, à enrichir des Dissipateurs avides, à élever des hommes dégradés, à prostituer son jugement par des choix qui déshonorent sa prudence, à rougir des liens qu'il aime et n'ose avouer ; s'il ne fait que soupçonner, il s'égare dans les nuages de l'incertitude ; tout ce qu'il fait, c'est que cette vérité, l'idole des hommes mêmes qui l'immolent, qu'on prend sans cesse à témoin, n'approchera jamais de son trône ; c'est que cette vertu, la plus douce des illusions qui a formé les Trajan, les Marc-Aurèle, les Antonin, les bons Princes, est changée ou abandonnée pour une perfection imaginaire, et pour une Divinité austère qui n'existe que pour le malheur du monde. C'est qu'il ne connaîtra jamais ce sentiment enchanteur, l'amitié avec laquelle seule le Créateur aurait acquitté tout ce qu'il devait à ceux qui reçurent de lui le jour et une pénible existence.

Maîtres du monde, jetez les yeux sur une multitude désolée, écoutez ses cris, ses pleurs, ses vœux. La mère vous redemande un fils, une femme vous demande un époux, vos cités les beaux arts fugitifs, la Patrie des citoyens, les champs des cultivateurs, la religion un culte, et la nature des êtres qu'elle puisse avouer.

Ce ne sont pas tous les maux qui menacent les Souverains protecteurs de cette funeste croyance.

Obligés de concentrer dans un petit nombre d'hommes les emplois importants, les grandes charges et les places subalternes de confiance, ils ne peuvent réunir un nombre suffisant de gens capables ; (espèce rare dans tous les temps et dans tous les pays) l'ignorance alors obtient des postes où elle multiplie les bévues, elles amènent les murmures ; les murmures conduisent au désordre, le désordre enfante le discrédit, du discrédit naît le défaut de considération. Dans cette situation humiliante, on est attaqué, blâmé de toutes parts ; les alarmes s'emparent de celui qui a contre lui la voix publique, l'inquiétude perce ; les Flatteurs, pour la dissiper, redoublent d'encens et les mensonges ; font composer des éloges, gagnent des Poètes, bercent l'Idole d'une réputation quelle n'eut jamais, l'endorment dans ses vices ; lui présentent la volupté pour le distraire, et l'amènent insensiblement à cet état de dégradation où l'on ne pense plus que par autrui. Si quelques Sujets fidèles tentent un dernier effort pour rappeler la gloire fugitive ou le Monarque abusé les écoute sans les entendre, ou les prévient avec hauteur, ou les humilie avec acharnement, ou les exile avec dureté, ou s'en défait avec de feintes caresses. Les` grandes routes sont couvertes d'Émigrants ; le succès continuel de la bêtise use l'âme de l'homme de mérite. L'un va se donner à une autre terre ; l'autre ne pouvant emporter ses Pénates, se sauve de l'ennui cruel par des absences répétées, et le Monarque insensiblement ne voit autour de lui que des esclaves chèrement achetés. Spectacle pénible, rappelant sans cesse que l'on ne doit rien à soi, et que sans un trésor on serait isolé ou à charge aux humains !

Ce tableau, sans doute, paraître chargé ; c'est ainsi qu'on paru ceux qui ont annoncé des malheurs semblables. Les Pauliciens qui en vinrent au point de bâtir des villes, et de prendre les armes contre leur Prince, n'étaient, dans l'origine, que quelques perturbateurs du repos public ; et pendant un siècle et demi ils désolèrent les Empereurs de leur temps. Ce fut la marche de l'esprit humain. Les hommes commencent par séduire, ils finissent par enchaîner ; les Chefs brisent leurs liens, saisissent un moment propice, et font égorger les usurpateurs de leur autorité. C'est ce qui arriva à ces mêmes Pauliciens (Note IX) dont l'Impératrice Théodore fit égorger cent mille : le reste fut se jeter dans les bras des Sarrasins qui les menèrent à la boucherie dans leurs guerres contre les Grecs. Si les Rois, au lieu de conserver des meubles riches et précieux, faisaient décorer leur Palais des tableaux de l'histoire, leurs regards se fixeraient quelquefois sur d'étranges scènes. Peut-être troubleraient-elles cette sécurité, un des grands prodiges qui occupent la pensée du Philosophe.

Il est vrai, cependant, que cette secte est entièrement dirigée contre cette autorité dont les hommes, en tous les temps, se sont montrés si jaloux. Elle n'attaque pas une croyance parce que toutes lui sont indifférentes ; elle n'en veut ni à Dieu ni à son culte, mais aux Rois et à leur sceptre. Ce n'est pas un corps isolé, qui veuille détourner sur lui le cours des grâces, c'est une institution, à la faveur de laquelle les ambitieux élèveront au-dessus de tout ce qui les entoure, sans même se charger du poids d'une reconnaissance apparente, dont les autres erreurs sont accréditées, en se faisant un nom et des partisans par ses talents, son éloquence et l'éclat de sa faveur. Ici la réputation est dangereuse, la faveur inutile ; on fait sa fortune par son silence. Au lieu de partisans, il faut des ennemis qui aient l'air de vous persécuter, afin que cette haine apparente suscite des vengeurs. L'autorité anéantit autrefois les

Templiers, elle a presqu'éteint le régime des Jésuites (Note X). Ici elle est nulle, puisqu'elle-même serait renversée, si elle conspirait, contre la secte qui lui commande, en paraissant la servir, et de temps en temps l'effraie, pour assurer son pouvoir. Dans les querelles nées des hérésies qui successivement ont paru sur le globe, c'était société contre société, ville contre ville, les Catholiques contre les Huguenots, les Arméniens contre les Gomoristes, les Guelfes et les Gibelins, etc. ; mais chez les Illuminés, c'est le vice contre la vertu, la perfidie contre la sincérité, l'ignorance contre les lumières, l'audace contre l'autorité. Elle mine le corps social, assassine lentement ses victimes, et frappe à la fois, mais sans bruit, toute la classe de la société.

Les nations rivales, qui assistent à la décadence de celles qui succombent sous les coups de la secte, les laissent avancer leurs malheurs ; et prenant conseil de ce qu'on appelle la politique, c'est-à-dire, l'art d'écraser le plus faible, elles saisissent le moment propice pour consommer leur ruine. Un Chef est comptable à ses sujets, de leur pays, de leur honneur, de leur fureté. On l'accuse des maux de la patrie. Ceux même qui l'ont jeté dans, le précipice, lui reprochent leur humiliation. Ou l'on rétracte ses fermeras, ou l'on porte le joug avec horreur. Si l'âme du Monarque infortuné a perdu tous ses ressorts, il est trop heureux qu'on lui permette de traîner son sceptre. S'il ressuscite un reste de courage, il devient un tyran d'autant plus difficile à apaiser qu'il a des raisons apparentes de frapper, et que la justice semble quelquefois l'avoir armé de son glaive : et dans l'un et l'autre cas, il entre dans la postérité, chargé du mépris ou de l'horreur du genre humain.

Ce serait tromper les Rois que de leur cacher une vérité nouvelle ; les hommes leur rendent aujourd'hui des respects, plus éclairés. On ne courbe plus son front dans la poussière devant une tête couronnée, mais on baise les traces d'un Prince bienfaisant, laborieux et juste ; on examine les administrations, parce que l'on est convaincu que c'est de son affaire dont on s'occupe, quand on se mêle de celles des Rois. On excuse les défauts, ou pardonne les faiblesses ; on les retire des dangers où les a jetés leur imprudente ; on leur rend les services qu'exige leur triste condition ; mais on n'a pas fait serment d'être constamment le jouet de leur caprice, les martyrs de leur opiniâtreté, et les victimes de leurs erreurs volontaires ; ou du moins, si l'on est forcé de l'être, on proteste contre la tyrannie, et l'on dévoue dans postérité, à l'indignation, des siècles futurs, ceux qui ont avili leur nation. Que celui donc qui a le vertueux désir d'être aimé et la noble ambition de laisser un nom glorieux, apprenne qu'il manquera ce double but, s'il refuse de s'éclairer.

Si les peuples qui emploient toute espèce de moyen pour troubler sa dangereuse tranquillité, qui ne ménagent ni les avis publics, ni le silence expressif du sage mécontent, ni les murmures imprudents, sans doute, mais quelquefois nécessaires, la satire, moyen violent mais efficace si le malade conserve encore quelques ressorts, finiront enfin par ne plus, voir dans leurs Chefs que des automates couronnés, ou des administrateurs étrangers à la chose publique et leurs intérêts : alors il le répand dans les esprits une espèce de consternation, on ne concourt plus à la prospérité de la Patrie ; la nation entière se repose ; on laisse passer un moment funeste, l'industrie perd son activité, l'agriculture languit ; on existe, mais on ne vit pas : tous les projets sont pour l'avenir. Or, celui à qui il ne reste que l'inutile ressource d'ordonner, éprouve bientôt que l'autorité est composée de deux ressorts ; l'un qui commande aux esprits, et l'autre qui les dispose. Le grand art des Rois est de disposer en leur faveur la volonté générale, la force n'y supplée point.

Or, la secte des Illuminés donne des principes entièrement opposés ; elle persuade que le peuple docile bénit son joug. Ce n'est pas dans la nature des choses, dans l'expérience du passé qu'elle puise des règles de conduites, c'est dans un système tout nouveau, accommodé tout entier à l'égoïsme de quelques Chefs qui n'ont ni patrie, ni intérêt à la félicité des étrangers qu'ils gouvernent, ni à la gloire du Monarque dont ils portent la livrée en public, à condition que lui-même, en secret, portera leurs fers. Cette expression est-elle trop forte, du moment qu'il est prouvé qu'un homme abjure sa pensée, sa volonté, et ne se meut qu'à la voix d'une puissance fanatiques ?

CHAPITRE X

Que la Secte des Illuminés détruirait la Société elle-même, si elle pouvait être détruite

La Société ne s'est épurée qu'après bien des siècles ; mais enfin l'homme est parvenu à un degré de civilisation, dont il est plus aisé de prévoir la décadence que la perfectibilité. Non seulement les animaux féroces respectent nos demeures ; les inondations, autrefois dévastatrice, ne sont plus qu'une incommodité passagère ; des hordes de barbares ne viennent plus à l'improviste, désoler des cantons paisibles, mais la terre le rassure sur sa subsistance, la famine est devenue un fléau presque chimérique ; les maux sont adoucis, s'ils ne sont pas tout à fait extirpés ; les beaux arts décuplent les années et les consolent. L'homme a presque glacé la foudre dans la main de Jupiter ; du moins il éteint sa colère et fait expirer vengeances l'endroit qu'il a marqué ; s'il ne peut prévenir ces effrayantes convulsions qui agitent inopinément les entrailles du globe (Note XI), il en devine l'explosion et trouve dans un éloignement salutaire un abri contre le danger : le vaisseau du hardi navigateur enchaîne les vents, les assujettit à ses projets, franchit les immenses plaines des mers, et vole enrichir les deux hémisphères. La main de l'industrie file les métaux comme la soie ; crée tout ce que l'homme désire ; et, par une continuelle reproduction, fait du lin que l'agronome a semé ; l'asile immortel de la pensée du philosophe, et des beautés d'Homère.

Des connaissances d'un plus haut prix fournissent à l'homme les mets dont il se lasse le moins, les ornements dont il se pare, les liqueurs qui le fortifient ou le rafraîchissent. Tout cela n'est encore que l'ébauche, des bienfaits de la Société ; l'homme naît, des maîtres s'emparent successivement de sa mémoire, de son esprit, de sa volonté, de sa raison. Ils ornent, ils forment, ils dirigent, ils éclairent ces brillantes facultés ; et dès l'instant qu'elles peuvent agir, leur premier mouvement, est un sentiment de reconnaissance vers l'Être immortel. Tout en cultivant sa pensée active : ils donnent aux membres de son corps de l'aplomb ; de l'élasticité et lui apprennent à se défendre contre la force, et à défendre surtout l'honneur et les droits de l'amitié : ils lui enseignent l'art de commander à ce coursier fougueux qui doit le porter au chemin de la gloire, l'art plus doux de s'approprier ces sons enchanteurs qui rassurent l'esprit et calment les passions. Après que l'homme a prêté quelques instants de sa jeunesse à ces utiles exercices, les maîtres lui proposent de choisir entre le casque de Bellone, la balance de Thémis ; le caducée de Mercure, le soc de Triptolème, le trident de Neptune. Dès qu'il a nommé sa carrière, mille secours arrivent pour la rendre brillante. Il la fournit ; si c'est avec éclat la Renommée publie ses exploits, la Gloire les couronne. Pour un temps plus calme, combien de jouissances la Société ne lui a-t-elle pas préparées ? La sculpture a fouillé dans les ruines de l'antiquité, et puis égalé les modèles, qu'elle a ressuscité ; la peinture, privée des même secours, n'a pas moins surpassé Zeuxis. La plus belle des inventions, l'imprimerie, a multiplié les productions du génie, et naturalisé sur la terre Platon, Virgile, Tacite, Horace. L'aimant nous conduits au sein du globe, où nous avons saisi un nouveau règne. Chaque année enfante une découvert, ou ressuscite une idée perdue ; l'esprit humain se dégage des préjugés. La guerre même met des bornes à ses fureurs ; et jusque sur les lieux qui en sont le théâtre ; l'humanité en diminue la barbarie. Si quelque tyran appesantit son joug sur la portion d'être que les Dieu vengeurs ont dévoués aux malheurs, du moins a-t-on la douceur consolante d'entendre les Nation voisine le dévouer à la publique exécration ; les Rois, ses égaux, le désavouer ; l'histoire implacable le dénoncer aux siècles futurs. On voit enfin la jurisprudence devenue plus avare de sang, la charité devenue presque indiscrète, prodiguer ses secours aux infortunés, et même à ceux qui abusent : le théâtre corriger le ridicule en épurant les mœurs. Sans doute nous n'en sommes pas à l'âge d'or ; mais au moins la civilisation est portée au point où la naissance est un bienfait et la mort un chagrin.

Et c'est à ce moment précieux que s'élève une secte qui attente à ce bel ordre ; et travaille lentement à détruire l'Ouvrage de dix siècles, pour rendre la terre aux préjugés, aux visionnaires, aux nécromanciens. La société est une vaste famille qui se soutient par l'accomplissement de devoirs réciproques. Les peuples vivent dans la flatteuse certitude d'être protégés ; le Souverain cède au doux besoin d'être aimé. Cet heureux concert est troublé, puisque toute l'affection dont un Souverain peut être susceptible, se trouve concentrée dans un petit nombre d'hommes qui ont des intérêts opposés à la félicité générale. Pour s'en convaincre, parcourons tous les États ; le magistrat qui n'obéit qu'à la voix de la loi, se défie des inspirations arbitraires. Le guerrier franc et courageux, ne connaît que la gloire et son épée, combat et meurt sans penser s'il se survivra à lui-même. Le ministre des autels indigné du travestissement de sa bible et de ses rites, déteste une erreur qui lui enlève son culte et la considération. Le savant instruit de la coupable facilité avec laquelle tous les siècles ont produit les mêmes impostures, voudrait sauver les humains des maux qu'elles laissent à leur suite. Le commerçant, dont l'art et les succès reposent sur la bonne foi, redoute moins les mers inconstantes que le danger de hasarder sa confiance ; le citoyen s'afflige en contemplant les ruines de sa patrie, et assiste en idée à son entière décadence.

L'Illuminé, seul contre tous, devient l'en nemi de ses semblables, appesantit sur eux le joug de l'administration, sème cette défiance qui engendre les haines.

Chacun se craint, l'amitié paraît une imprudence ; les saillies de la gaîté sont converties en crimes d'État, l'alarme devient générale et frappe tous les Ordres. Le riche, à même de voyager, porte ailleurs ses ennuis ; le pauvre concentre ses murmures dans le sein de sa famille ; l'homme de lettres expose sa liberté et satisfait au besoin pressant d'exhaler son désespoir. Ainsi se brisent les liens sociaux ainsi l'homme s'isole et finit par invoquer la mort.

Alors les arts dégénèrent, languissent, demeurent sans honneur. La jeunesse qui ne calcule jamais l'avenir, obéit au penchant inné de voir ce qui se passe sur le globe, et se fait une patrie là où sont encore l'émulation et la liberté ; insensiblement les consommations diminuent, le commerce perd son activité, la population des villes baisse ; les uns tournent les yeux vers l'Amérique, tenant des champs toujours prêts pour quiconque veut les cultiver ; les autres dirigent leurs pas vers la Suisse, où la Nature et le Gouvernement font tout pour quiconque veut jouir d'un beau ciel et de la liberté. La plupart refoulent vers les Capitales dévorantes, Londres, Paris, où l'industrie entasse les humains de toutes les Nations.

Dans ce pays désolé par tant d'émigrations, la Société ne conserve plus l'équilibre, la source de tous ses biens. Lorsqu'elle éprouve des vides dans certaines parties, c'est toujours aux dépens de l'ensemble. On dira, ces inconvénients n'attaquent pas la classe du Peuple, ni même celle des Artisans. Le Peuple n'est pas acteur, mais il est victime. Son intérêt exige l'accroissement perpétuel de l'industrie. Plus elle agira, moins le fol paiera ; son intérêt veut l'accroissement de la population ; car plus il y a de bras pour porter un fardeau, plus il est léger. L'accroissement des lumières fera que le travail, sera plus facile, la répartition des charges plus équitable, les guerres plus rares.

Ce que nous, appelons la prospérité des empires n'est autre chose que le meilleur état possible de la société. Cette harmonie que nous admirons dans les corps célestes, cette sage distribution dans les dons de la nature, le bel ordre dans lequel ils se succèdent, est le grand modèle que l'Intelligence Suprême a donné aux humains. Tout ce qui s'éloigne de cette marche noble et sûre, tend à la destruction. Or, que peut-il résulter de ce mélange d'êtres incorporels et d'êtres humains d'une législation qui anéantit l'expérience, les dogmes religieux et les principes de la raison ?

Ces maux s'accomplissent insensiblement ; les uns les prévoient sans s'en embarrasser, les autres s'en occupent sans pouvoir les prévenir. Ceux dont ils sont l'ouvrage, les consomment avec d'autant plus d'opiniâtreté, qu'ils en moissonnent tous los jours les coupables fruits.

CHAPITRE XI

Quels seraient les moyen de détruire la Secte des Illuminée

Le tableau des malheurs, devient plus noir encore lorsqu'on n'entrevoit pas dans l'avenir le terme où ils disparaitront. Il serait essentiel d'en anéantir la trace dès leur origine ; mais comme dans l'origine tout est zèle, comme tous les esprits sont pleins de feu, les efforts de la raison échouent contre la chaleur de l'enthousiasme. Autre difficulté : les sectes qui ont divisé le monde, répandaient publiquement leur doctrine ; on connaissait leurs organes, on combattait des adversaires qui descendaient dans l'arène. Ici personne n'ose se montrer, les erreurs ne sont pas déposées dans un livre avoué : les rêveries de Swedenborg, les obscurités mystiques calculées des erreurs de la nature, sont des émanations de la Secte des Illuminés, mais n'en forment pas le code, les principes ; de sorte qu'on paraît aux yeux de la multitude combattre des chimères, semer des illusions, se nourrir des craintes exagérées. On pourrait bien se justifier aux yeux des Nations trop incrédules ; mais alors on révélerait des crimes secrets, qui seraient une calomnie sans preuves, ou on soulèverait les Peuples, si on les administrait. Peu de personnes ont le courage de publier ce qu'elles ont surpris dans ces ténébreuses iniquités. Tôt ou tard les Illuminés égorgent leurs victimes malheureusement plus d'un Chef de Nation est imbu de ces principes funestes : et depuis que les Rois ont mis au rang des crimes de lèse majesté la franchise avec laquelle on leur parle de leurs erreurs, on est réputé séditieux, rebelle, criminel, si on leur découvre la profondeur de l'abîme où la séduction les entraîne. Enfin, comme cette Secte embrasse toutes les erreurs possibles nées et à naître, il faudrait réfuter, expliquer, commenter tout ce qui s'écrit de relatif aux opinions nouvelles ; car nous vivons à une époque où nul Écrivain quelconque ne peut se flatter de faire lire de volumineux ouvrages sur cette matière si triste, si fatigante si péniblement absurde. D'ailleurs, on réfute des choses, des axiomes, de faux raisonnements, mais non des mots, des suppositions, des systèmes vagues ; peut-être même ce combat laisserait-il soupçonner une espèce de parité entre les partis ; et les Illuminés, déjà hypocrites par essence, se donneraient pour des objets de persécution.

Malgré les obstacles qui semblent favoriser la Secte perfide, il ne faut pas moins chercher les moyens de la détruire. Le premier qui se présente ferait une ligue entre tous les hommes qui exercent leurs plumes sur des matières philosophiques. Elle aurait pour but d'apprendre à la Société entière ce qui se machine contre elle. Rien de douteux, rien d'exagéré ; point d'invectives, point d'injures, mais une exposition claire, un récit fidèle, donnant pour certain, ce que l'on aura vu, pour vrai ce qui aura étés certifié par des hommes dignes de foi, pour vraisemblable ce qui sera né d'un amas de conjectures appuyées de quelques faits ; n'avoir égard ni au rang, ni à la fortune, ni aux services passés, ni aux suites.

De même qu'il y a une coalition pour dérober tous les secrets, de même qu'il y a une armé d'Espions répandus sur le globe, il y aura une association pour divulguer les mystères et pour détourner les maux dont les Peuples sont menacés. Les principes des Illuminés sont si important„ ils contristent tellement la nature, ils blessent si cruellement l'honneur, qu'il suffit de les faire connaître pour les décréditer ; les exposer, c'est les avilir. Aussi la plupart des adeptes sont dupes ; et si l'on excepte un certain nombre de scélérats consommés, que les gibets et les bûchers revendiquent, les autres ne le sont que parce qu'ils, se croient des martyrs, ou appelés à jouer un rôle extraordinaire, et surtout parce qu'ils marchent à la lueur des flambeaux des Illuminés au Temple de la Fortune.

Il faut surtout attacher un œil observateur sur le pays qui sera réputé le berceau de la Secte, ou du moins son principal théâtre. S'il en existait un, par exemple, ou tout ce qui est place de confiance ne fût donné qu'à des Sectaires, où tout homme devînt nul ou proscrit dès qu'il n'adopterait pas le nouveau dogme, où les enfants de la Patrie se verraient à chaque instant supplantés par des Usurpateurs dont le mérite unique est une apparente ou une aveugle crédulité. Si l'âge, l'expérience, les plus importants services, la fidélité éprouvée, le talent le plus universellement reconnu, s'anéantissaient devant un intrus tiré d'une loge. Si, dis-je, il existait un pays tel que celui que vient de représenter une imagination en délire, ce serait celui auquel il faudrait appliquer ses pinceaux, dans l'espoir que les images réfléchiraient au loin le jour de la vérité. On a crié contre le régime de la Compagnie de Jésus ; elle a été supprimée. On s'est élevé contre l'abus du Monachisme, les couvents ont été diminués. On a plaidé la cause des Protestants, ils ont été rétablis dans les droits de Citoyens. On demande la proscription des lettres de cachet, l'autorité ne tardera pas à en faire le sacrifice. On a pris en main la cause de l'humanité dans la personne des Nègres, nos neveux verront tomber leurs chaînes. Il n'est pas d'abus capables de résister à la force, à la raison, à l'éloquence combinées. Voyez les Agioteurs honnis et dispersés, voyez les monopoles détruits, voyez les Turcaret et les Mondor bannis du Système Financier ; et puis osez vous défier de vos forces, vous à qui le ciel a remis le pouvoir de la raison et l'empire de l'éloquence ! Mais loin de nous des ménagements timides, cette politesse qui s'introduit dans nos écrits aux dépens de la vérité. On doit des égards à l'erreur, lorsqu'elle n'est pas volontaire, mais non à des conspirateurs. A-t-on accusé Démosthène d'avoir manqué d'urbanité envers Philippe ? Cicéron pour Catilina ? et Philippe cependant n'avait fait que ce que font les Conquérants. Il avait détruit Olynthe ; il avait gagné les villes voisines par ses largesses, c'est ce que nous avons vu et ce que nous venons de voir en Hollande. Sa politique fut cruelle, et ses moyens barbares (<u>Note XII</u>). Les Athéniens élevèrent une statue à Démosthène pour avoir montré le rare courage qui brise les volontés des tyrans. Nous rendons encore hommage à la vertu de Cicéron, pour avoir découvert la conspiration de Catilina, prêt à rougir ses mains du sang de ses concitoyens ; on lui en fait d'autant plus honneur, que César favorisait secrètement ce complot. Y a-t-il moins de gloire aujourd'hui à démasquer des perfidies cent fois plus dangereuses que celle de Catilina, et protégées par plus d'un César.

La Gloire un jour ouvrira son temple à quiconque aura eu le bonheur d'étouffer la Secte dans son berceau. Il ne faut ni armées, ni verser le sang, ni persécutions sourdes ; il suffit de publier ce que l'on s'efforce de tenir sous le voile épais des secrets les plus importants.

Il s'agit de revêtir de tous les caractères de la vérité un fait essentiel, de le mettre sous les, yeux de la multitude intéressée à le vérifier et de lui dire.

Accipe nunc Danaum insidias et crimine ab uno Disce omnes.......

VIRG. Enéide., l. II.

CHAPITRE XII

Ce que on a pensé des Illuminés, et ce que l'on en pense aujourd'hui

Un des moyens le plus digne de l'esprit humain serait de se reporter dans les siècles écoulés, et de se convaincre par le témoignage auguste de l'histoire, que ce qui occupe aujourd'hui avec tant de succès les visionnaires, a déjà paru dans la doctrine de leurs prédécesseurs. Après s'être convaincu de cette vérité, il serait juste d'examiner comment ils ont fini, et la réputation qu'ils ont laissée après eux. Ceux qui les imitent, ou qui les surpassent, liraient, dans ce qui s'est passé, les décrets de la postérité, ce que déjà pensent leurs contemporains. Si la haine des nations poursuit depuis dix-sept tièdes les ombres des Néron, des Tibère, des Domitien ; si le ridicule accompagne encore les noms du diacre Paris, de Gassener, de Schrœpfer, ils poursuivront avec le même acharnement leurs successeurs.

Agapie, vers la fin du quatrième siècle, forma une société dont un des dogmes était qu'il n'y avait rien d'impur pour des consciences pures, qu'il valait mieux jurer et se parjurer que de découvrir les mystères de leur société. On nous raconte aujourd'hui que le corps n'est rien qu'une chétive enveloppe, qu'il peut faire tout ce qui lui plaît, sans que l'âme prenne part à toutes ses sottises. Agapie mourut folle, et la secte est anéantie.

Gabriéli, Prélat Romain, se laissa séduire par les sortilèges d'un Docteur mystique nommé Oliva. Ils tenaient des assemblées nocturnes, dans lesquelles ils offraient au Démon du sang humain. Dans les mystères modernes nous avons vu qu'on le fait boire, et que si le Démon n'est pas l'idole du temple, du moins se fait-il représenter par de grands fantômes noirs. Le Pape Alexandre VIII déclara Gabriéli et Oliva incapables de posséder des bénéfices, et les fit enfermer dans un Château.

Le Comte de Saint-Germain, si hautement protégé, a-t-il fait autre chose que d'imiter Guillaume Postel, dont la manie était de se faire plus vieux qu'il n'était. Pour en imposer à ceux qui l'avoient connu, il se fardait, se noircissait les cheveux, et s'appelait en conséquence *Postellus restitutus*. Comme ses successeurs, il assurait que l'Ange Resiel lui avait révélé des secrets divins. Qu'en disent aujourd'hui les Biographes les plus modérés. « Il eût fait beaucoup d'honneur aux lettres, si à force de lire les Rabbins et de contempler les astres il n'avait pas perdu la tête. »

Jean Ruremonde ne fut que le précurseur d'Emmanuel Swedenborg, inspiré de Dieu, comme lui, pour rétablir la pure doctrine, prêchant que dans peu le royaume de la nouvelle Jérusalem serait fondé. L'Apôtre Suédois ne l'imite pas dans ses autres folies, parce qu'il vivait à une époque où l'on ne fait pas impunément une distribution égale de tous les biens, quoiqu'on ait reçu l'épée de Gédéon. Mais le fond de la doctrine conduisait aux mêmes conséquences, Ruremonde fut brûlé.

Cardan réveilla a dans les derniers siècles, la philosophie secrète de la Cabale et des Cabalistes. Dès lors elle peuplait notre globe d'esprits invisibles, auxquels on pouvait ressembler en se purifiant. On nous dit aujourd'hui qu'il y a des êtres intermédiaires entre nous et la divinité, et que les mauvais Esprits sont les agents secrets de tous les maux qui nous tourmentent. Sous qu'elle forme les historiens nous ont-ils transmis ce prototype des folies modernes ? Le voici : « Il avait la démarche et les propos d'un insensé, et il signala sa folie, autant que son savoir, dans la Médecine et dans les Mathématiques. »

Gabrino crée des Chevaliers de l'Apocalypse. Il se fait appeler le Prince du nombre septénaire. Les armes de sa secte sont un sabre et une étoile flamboyante. Plusieurs de ces Chevaliers étaient de simples artisans qui travaillaient toujours l'épée au côté. Quoique très dangereux, ils étaient très charitables. Tout ce qu'a fait Gabrino, qui se nommait ainsi Monarque de la Sainte Trinité, se pratique encore fidèlement de nos jours, et même avec plus de fanatisme. Le digne Chef se trouvant dans l'Église le jour des Rameaux de l'année 1694, pendant qu'on chantait l'antienne, *Qui est ce Roi de gloire*, cou-ut, l'épée à la main, au milieu des Ecclésiastiques, et s'écrie que c'était lui. Il mourut cinq ans après aux Petites-Maisons. On arrêta une trentaine de ses disciples ; le reste se dispersa.

Le Médecin Pierre Apono, qui devait ses connaissances mystiques à sept lutins tenant leurs séances académiques dans une bouteille, par une magie dont le secret s'est perdu, faisait revenir le soir l'argent qu'il avait perdu le matin. Cet heureux fou trouva un Duc d'Urbin qui plaça sa statue parmi celles des hommes illustres. Le Sénat de Padoue la fit élever à côté de celle de Tite-Live. Ne voyons-nous pas tous les jours ses successeurs trouver des protecteurs aussi fanatiques ? S'ils n'obtiennent pas des statues, au moins ont-ils des médailles, et ils n'ont pas même besoin de faire revenir le loir l'argent qu'ils prodiguent pendant le jour.

Litez l'histoire de Valentin Greatrik, irlandais, qui vivait en 1665. « C'était un homme d'une assez bonne maison, qui avait été Lieutenant d'une Compagnie pendant la guerre d'Irlande, et qui avait ensuite exercé quelques charges dans le Comté de Corck. Il avait une grande apparence de simplicité dans ses mœurs. Il semblait avoir le don de guérir.... Cet Imposteur, moitié Prophète, moitié Médecin, attribuait toutes les maladies aux Esprits ; toutes les infirmités étaient pour lui des possessions démoniaques.... Le Roi lui fit ordonner de se rendre à Whitehall, où la Cour ne fut pas trop persuadée de son don des miracles.... Il ne put persuader les Philosophes, on écrivit contre lui avec force ; mais il eut aussi ses défenseurs. Il publia une lettre dans laquelle il fait une histoire abrégée de sa vie. » Son crédit diminua à mesure qu'on le connut. Bientôt sans adeptes, sans secours et sans estime, il fut obligé de disparaître.

Qu'on joigne à ces exemples l'aventure tragique de mademoiselle de la Palus, Initiée par le Curé Gaufredi.... Sans doute c'est affreux de brûler un fou ; mais voilà les effets de cette secte.... le projet ridicule du Bibliothécaire de Richelieu, Jacques Gaffarel, voulant donner l'histoire du monde souterrain, c'est-à-dire, des Esprits habitants l'enfer et les limbes.... l'infortuné Martin Gonzalves, brûlé par l'Inquisition, pour lui apprendre à se dire l'Ange Michel.

O détestables erreurs ! ô folie de l'esprit humain ! Ces exemples viendraient vous attester, si cette nomenclature ne devenait à la fin monotone et fastidieuse, Grands Hommes du jour ! Vantez-vous de votre origine, glorifiez-vous de vos fondateurs, et de vos modèles. Étrange aveuglement ! nous n'osons dénoncer, proscrire, anathématiser les mêmes scandaleuses turpitudes que les siècles passés ont couvert d'ignominie. Nous sommes avertis par l'histoire, soutenus par le conseil des gens sensés, nous sommes guidés par l'expérience, et nous ne savons pas abattre les idoles modernes, ou les faire expirer sous les fouets du ridicule.

> Committant eadem diverso crimina fato,
> Ille crucem sceleris pretium tulit, hic diadema.

On dirait peut-être que parce que des insensés ont abusé de la doctrine, il n'en faut pas conclure contre elle, et que la chimie, la poésie ont fait perdre la tête à bien des gens. Pour répondre à cette objection, il suffit d'exposer ce que dans tous les temps on a pensé des sciences occultes. On peut remonter jusqu'aux mystères de Cérès, qui présentent plusieurs points de rapprochement avec les Illuminés. Dans les deux associations il y a des Initiés, des secrets, des assemblées nocturnes, des serments, et on peut appliquer à toutes deux ce vers de Lucrèce :

> Claudicat ingenium, delirat linguaque, mensque.

Comme (Note XIII) de nos jours les hommes les plus vertueux étaient proscrits s'ils n'avaient pas été Initiés ; tel fut Epaminondas, un des plus grands Héros de la Grèce. Comme, de nos jours les Hiérophantes vendaient à des hommes crédules la puissance d'un monde qui n'était pas à eux :

Voyons ce qu'on pensait en Grèce des Initiés. Depuis leur établissement, « le mépris pour les serments et les contrats les plus sacrés fut toujours en augmentant, au point que Polibe avoue sans détour qu'il n'y avait plus dans la Grèce l'ombre de la bonne-foi. On y voyait des malheureux se parjurer cent fois en un jour, sous prétexte que le ciel leur avait été assuré par les Hiérophantes.... Il est absurde, leur disait-on, de célébrer pendant la nuit des mystères qui seraient encore, fort dangereux quand on les célébrerait en plein jour. Il est absurde d'exiger le silence le plus absolu touchant une doctrine qui ne saurait être trop publique, si elle est vraie ; et si elle n'est pas vraie, vous êtes les plus coupables des mortels en la prêchant. »

N'est-ce pas ce qu'on pourrait dire aux Illuminés ? « Il fallait bien, ajoutait-on, protéger par une grande force des choses si faibles d'elles-mêmes, et qui n'auraient pu se soutenir s'il eût été permis de les discuter selon les règles ordinaires et les notions communes ; mais comme il était défendu aux Initiés, sous peine de mort, (ainsi que de nos jours de parler des mystères) ceux qui avaient été victimes des Hiérophantes, n'osaient s'en plaindre, ni arrêter ceux qui allaient être entraînés dans le même abyme ; et c'est par des moyens si extraordinaires que la superstition conserva si longtemps son énergie, et perpétua si longtemps son empire.[5] »

Dans tous les temps, dans tous les pays, les Magiciens, Devins, Sorciers, Alchimistes, Visionnaires, Êtres quelconques commerçant avec le diable, ont été réputés malfaisants, fous, fripons, dupes en parlant de Jamblique, de Plotin, de Porphyre, un auteur célèbre dit : c'est de leurs cendres qu'on a vu naître au milieu du dix-huitième siècle, « les Illuminés, les Mystiques, les Physionomistes, les Adeptes, les Jongleurs, les Prestigiateurs, et tout ce qu'on peut imaginer d'hommes infâmes et dangereux chez un Peuple civilisé. Quelques contrées de l'Europe paraissent menacées de tomber non seulement dans les absurdités de la théurgie, mais dans un état complet de démence et d'imbécillité.

C'est de la bouche même des Sectaires, que je voudrais entendre ce qu'ils pensent les uns des autres ; tous s'égarent, mais ce n'est pas dans les mêmes erreurs. Or, avec quel acharnement ne s'entredétruisent-ils pas ? Écoutez les Visionnaires couvrir de ridicules les Magnétiseurs Spirituels, c'est-à-dire ceux qui font un alliage superstitieux de l'influence immédiate de Dieu et d'une cause purement physique. Voyez les Illuminés proprement dits, proscrire avec

---

[5] Recherches Philosophiques sur les Grecs, tome II, partie III, page 217 et suivantes.

une fanatique audace, les disciples crédules de Swedenborg. Avec quelle dureté le pieux Lavater est-il traité par ses Antagonistes ? Je ne parle pas des vrais Philosophes, qui ont dû le confondre nécessairement avec tous ceux qui attentent à la raison, je ne parle que des Sectaires ennemis de leur croyance. Tous considèrent le monde entier comme leur domaine, dont leurs rivaux sont les usurpateurs. Tous se croient appelés à opérer une révolution ; tous la préparent. Tous réussissent plus ou moins ; tous sont replongés dans le néant. Mais tant que dure le paroxysme, la terre souffre, un nouveau fléau la tourmente, le sang coule, la nature gémit, la Société se décompose, et la calamité frappe tout ce qui existe à cette période.

Telle est l'histoire de toutes les Sectes. Ainsi finira celle des Illuminés. Que de maux préviendrait celui qui l'étoufferait au berceau, et qui justifierait un moment de violence par les lois que lui impose le passé, dépositaire infructueux de toutes les leçons salutaires.

À quoi servent donc notre littérature, nos historiographes, nos académies, si ce n'est pour conserver les ressouvenirs utiles. Nous nous louons à plaisir ; nous vantons sans cesse nos progrès ; nous élevons notre siècle au-dessus des autres ; que signifient ces vaines apologies Nous redonnons les mêmes scènes que nos prédécesseurs et de plus ridicules encore. Je ne sais quel Écrivain nous a dit que les sottises des pères étaient perdues pour les enfants. Jamais cette vérité n'a été mieux sentie que dans le moment présent. À lire nos brochures modernes, à écouter les Docteurs du jour, ils semblent parler de découvertes, tandis que ce ne sont que de fastidieuses répétitions. Un Professeur Allemand nous a prouvé même que le Magnétisme était renouvelé des Grecs. Je ne prétends pas mettre cette branche curieuse de la Physique au rang des rêveries des Illuminés ; mais prouver seulement que ce que nous croyons le moins connu a déjà occupé ceux qui nous ont précédé sur ce globe, qui ne fait que reproduire les mêmes, idées dans des cerveaux différents.

CHAPITRE XIII

Ce que l'on pense des Fondateurs de la Secte moderne

Toutes les associations, sous quelque nom qu'elles aient existé, se sont glorifiées de leurs Chefs. Les Ordres Religieux se sont vantés d'avoir donné des Papes à l'Église et obtenu l'apothéose de leurs Fondateurs. Les honneurs de la canonisation n'entraînent pas le culte des hommes raisonnables ; mais du moins n'ont-ils jamais été prodigués à des hommes immoraux, et le suffrage de la Nation avait précédé les décrets de Rome.

Dans la secte des Illuminés, où tout est bizarre, les Chefs de la secte ont laissé le nom le plus équivoque, pour ne pas dire tout à fait proscrit. Arius, père d'une des erreurs qui a régné avec le plus d'empire dans les premiers siècles du Christianisme, et qui depuis est dégénérée en Socinianisme, Arius, dis je, était doué d'une grande éloquence, et respectable par l'austérité de ses mœurs. « Quesnel avait un cœur au-dessus de sa naissance et de sa fortune, un talent singulier pour écrire facilement, avec onction et élégance. » Il n'était pas extraordinaire de céder à la douce persuasion de Fénelon qui se trompait de si bonne foi. Luther avait *une imagination forte, secondée par l'esprit, nourrie par l'étude.* Calvin se fit des partisans par son esprit, et se les conserva par son zèle, son activité et son adresse. Mais quels hommes que ceux dont je vais rappeler pour la dernière fois la méprisable existence ! ou plutôt, pourquoi donner une espèce d'existence à des hommes qui auraient plutôt mérité l'animadversion des lois, que de la confiance ; aventuriers sans naissance,

Sans éducation, sans esprit naturel, sans talents acquis ; sortis de la lie, errant sous des noms supposés, n'ayant pour protecteurs que des imbéciles, pour adeptes que des fanatiques, pour soutiens que des dupes. Quel bizarre et monstrueux assemblage de principes ! Se perdre dans les hautes régions de la spiritualité, relever la condition humaine, jusqu'à la mettre en rapport avec ces puissances dépouillées de toute enveloppe matérielle, et lui donner pour tout travail, toute récompense, le vil métier d'épurer, de transmuter les métaux ; associer, pour ainsi dire, les dons de la Divinité, tels que la pensée, la connaissance des choses célestes, avec les présents de la terre ; comme si, aux yeux du ample naturaliste, il y avait quelque différence entre les diamants et la terre, entre l'or et le cuivre.

Ce Saint-Germain, après avoir scandalisé trente villes et dupé deux cents apprentis chimistes, rencontre un Grand, né libéral et sensible : il résout de terminer par lui le cours de ses jongleries : Voici le discours qu'il lui tint : « Depuis près de quatre-vingts ans, (il en avait alors soixante-dix-sept) je cherche un homme, un homme dont je puisse faire un vase d'élection, et remplir de la céleste rosée que j'ai ramassée dans la terre promise. Il doit ne rien savoir, et être propre à tout. D'autres connaissances tiendraient dans sa mémoire la place de celles que je dois y introduire ; et la lumière et les ténèbres, le pur et l'impur, Dieu et l'homme ne s'allient pas ensemble. Je vous connais peu par moi-même, et beaucoup par ceux que vous ne connaissez pas, mais que vous connaîtrez un jour. Le Ciel mit dans votre âme pure les germes de toutes les qualités ; laissez-moi les développer ; devenez le récipient céleste dans lequel découleront les vérités surnaturelles. Vous êtes invité, ou du moins vous le serez, à gouverner des royaumes ; prêtez vos soins et votre génie aux humains, mais donnez votre temps et votre étude au Maître Suprême. À l'âge de vingt-sept ans, vous vous trouverez, dans peu de mois, en avoir quatre-vingt-dix. J'aurai excité, travaillé, réalisé pour vous ; devenu un prodige peur le reste des humains, vous ne serez rien aux yeux de Dieu, si vous vous contentez d'être la lumière d'une planète. Dépositaire des plus étonnants secrets, vous pourrez arrêter la marche des étoiles, et tiendrez dans vos mains le destin des empires ; mais la science n'est un trésor qu'autant que celui qui la donne en dirige l'usage. »

Le Grand, étonné d'être un génie, enchanté de devenir un prodige, hors de lui en pensant qu'il allait régenter l'Europe, baisse les yeux, se prosterne, et ne se relève que pour aller faite préparer un château digne du Thaumaturge. Quand il fut bien établi, les préparations commencèrent, et le grand jour fut fixé. Quels sont les secrets que l'on vit éclore ? L'art de donner au cuivre plus d'éclat et de ductilité, la manière d'épurer les pierres fines, deux merveilles que trois Chimistes Allemands ont enseignées dans leurs savantes leçons. Que vit-on encore ? Un purgatif que chaque Pharmacopole compose et vend au peuple : une foule de liqueurs, dont plus d'un Distillateur avait déjà payé le secret en France et en Italie. D'ailleurs les étoiles foulèrent comme à l'ordinaire, l'Europe n'éprouva aucune révolution, pas même une très petite partie qui s'obstina à refuser la médecine politique qu'on lui préparait. On vécut de promesses pendant plusieurs années, rien nt s'effectua ; on surprit, même le Dieu dans ses fonctions très humaines. Jamais les yeux ne se dessillèrent, et tout en enterrant le Prophète, on crut à son ascension miraculeuse.

Qu'était-ce que ce Schropfer (XIV), le Dieu des Illuminés nos jours ? Un Joueur de gobelets, dix fois moins adroit que Jonas et Pinetti. Charlatan punissable, qui, pour surprendre votre confiance, commençait par attaquer votre raison. Comment un homme qui a fait *boire du punch*, n'est il pas démasqué ? Et n'est-il pas cent fois plus apparent qu'on est plutôt son complice que sa dupe ? Il était si facile de se convaincre que ses miracles étaient dus à l'électricité ; mais au lieu de ne voir en lui qu'un Précurseur de Comus, on s'acharna à y trouver un Réformateur inspiré.

Qu'est-ce que l'Ordre des Chevaliers et Frères Initiés de l'Asie (Note XV), dans lequel l'Harmonica a publiquement favorisé les supercheries, et où un esprit appelé *Gablydone* joue un des rôles principaux. Il semble que l'on ait voulu imiter les derniers efforts du délire, et déshonorer tout à fait la raison humaine.

Parmi ceux qui ont épousé hautement les principes d'institutions, partageant leurs loisirs entre des tours d'escroc et des tours de Visionnaires, y a-t-il un seul homme que les Sciences avouent, que les Universités reconnaissent, dont l'Allemagne ait consenti la réputation, dont les ouvrages, marqués au sceau du génie et de la raison profonde, fassent admirer un grand Écrivain ou plaindre un grand Homme égaré ? Est-ce donc sur la foi d'esprits vulgaires, abjects par leur ignorance, ridicules par leurs prétentions, inconnus à tout ce qui pense qu'il faudra adopter un nouvel ordre de choses ? Un siècle suffit à peine pour nous familiariser avec les idées sublimes de Newton, pour tirer parti des découvertes de Franklin, pour convertir la Chimie en un art utile, pour apprendre à penser dans Bayle, dans Shastbury, dans Locke, et nous deviendrons les Disciples de qui ... ? Suppléez, Lecteurs, et rapprochez les noms célèbres que je cite, des noms méprisables que je tais. Vous voyez, comme moi, dans quelle effrayante galerie je pourrais vous conduire. Peut-être devrais-je réunir en un lieu les portraits des Charlatans modernes, leur arracher le masque ? Ce n'est pas le courage qui me manque mais aux yeux des Lecteurs timides, les personnalités affaibliraient ce que j'ai dit ; et pour quelques victimes qu'il serait juste d'immoler, il en est qu'il faut encore plaindre et tâcher d'éclairer.

Une seule réflexion produirait cet heureux effet, si la réflexion n'était pas devenue la chose la plus rare, parmi la plupart des hommes. Même parmi les Sectaires, le nom d'Illuminé est devenu une injure. On veut bien être connu pour Hernhute, pour un Anabaptiste, pour un Quaker, pour Juif même. Mais on veut voir des esprits et n'en n'être pas soupçonné. Sur cent Sectaires il n'en est pas deux qui osassent soutenir publiquement qu'ils ont vu des êtres immatériels comme ils l'affirment entre eux. Il n'en est pas un sur mille qui voulût raconter en public ce qu'il fait dans les séances nocturnes. Or, qu'est-ce qu'une Doctrine dont on rougit ? qu'est-ce qu'un culte qu'on désavoue. Enfin, je connais tel Illuminé que la Société rejette de son sein, auquel on refuse le plus petit emploi ; qui s'est attiré le mépris universel, et qui, dans l'administration de l'Ordre, est revêtu de charge ; importantes, et l'auteur avoué d'une vaste correspondance. Comment soupe-t-on avec un homme que l'on n'oserait aborder à la promenade ; le crime n'est donc pas un sujet d'exclusion dans cette abominable confrérie ?

CHAPITRE XIV

De l'état où si trouvent les contrées réputées protectrices de la Secte

Le désir de connexe l'atome de boue sur lequel nous nous agitons, fait que nous promenons, sans celle, nos regards sur les Nations qui nous environnent ; alliées eu ennemies, dans la sécurité de la paix, ou dans les horreurs de la guerre ; dans une langueur léthargique, ou dans une activité prospère. Ce moment nous offre la France donnant au monde le spectacle d'une révolution dont il faut bien connaître les motifs avant d'en juger les moyens ; l'Angleterre méditant quelques grands projets, invoquant, en secret, bien moins la victoire que la paix ; la Pologne semblant vouloir secouer le joug de l'oppression ; la hollande, où l'on voit la tranquillité de l'impuissance, mais où l'on entend les sourds murmures du désespoir. Au milieu d'intérêts si étrangers au sujet que nous traitons, on serait tenté de croire que le système des Illuminés est un point à peine visible. Nos craintes paraissent des chimères, nos tableaux passent pour des exagérations. Ah ! si les incrédules habitaient certaines contrées, ils verraient combien nos pinceaux trop prudents peut-être, sont faibles de couleur.

Oui, il est des contrées où il existe cent Cagliostro, élevés en grades, favorisés des dons de la fortune, qui n'ont qu'à parler pour être crus. On révèle leurs coupables iniquités ; l'imposture d'un ventriloque pensionné ; la fumigation frauduleuse à travers desquelles les corps paraissent des ombres ; l'incroyable bêtise d'un sexagénaire amoureux, certifiant à sa maîtresse infidèle, qu'un esprit lui révèle, par le tuyau de la cheminée, l'histoire de ses nombreuses perfidies. On divulgue dans vingt livres divers l'horreur de leurs initiations, le crime de leurs serments, l'infamie de l'espionnage. Les Journaux, les Gazettes sont remplies des folies d'un Peuple égaré. Personne ne contredit ces assertions ; les Curieux en sont témoins, beaucoup en sont les victimes, les âmes honnêtes en sont déchirées. Eh bien ! les auteurs de ces calamités désastreuses jouissent paisiblement de la confiance de leurs Maîtres, ou plutôt de leur autorité. Il se trouve des hommes assez faibles, des plumes assez vénales, des lecteurs assez bêtes, pour prendre leur défense.

Sans doute ils ne porteront pas le fer et le feu dans les Royaumes. Nous ne sommes plus au temps des guerres civiles. D'ailleurs, ce ne sont pas les guerres civiles qui détruisent les Empires : c'est la confusion des bons et des mauvais principes ; c'est le détordre intérieur dans toutes les parties de l'Administration ; c'est l'extinction de tout sentiment patriotique ; c'est l'infâme commerce du sang humain qui dépeuple le sol, qui importe sans enrichir les pays où les machines stipendiées sont transplantées ; c'est la stagnation des connaissances, des arts, de tout ce qui compose la Société éclairée.

Il est des contrées où le commerce, distributeur de toutes les puissances, est suspendu dans sa marche. On assassine l'industrie nationale, on proscrit ce qu'il faut permettre, on tolère ce qu'il faut défendre, on a l'air de rendre la liberté, et on consomme la gêne. D'où viennent ces étranges méprises ? De l'ignorance profonde des Chefs. On n'a pu choisir que parmi des êtres incapables, et pour avoir pris les moins ineptes, on n'a pas eu des hommes instruits. C'est un point sur lequel on ne peut trop peser. Quels sont les disciples de cette religion nouvelle ? Des hommes imbéciles, bavards ou intrigants. L'un écrit des lettres mystiques, ou du moins les lignes, l'autre pérore et va toujours vantant les secrets qu'il n'a pas, ou dérobant ceux dont il abuse : celui-ci, toujours en l'air, vole de Cours en Cours, épie, catéchise, et scelle sa mission divine, par des promesses qui tiennent lieu de miracles ; celui-là fait de son pays le rendez-vous de tous les fous de l'Europe, qui encore paraissent sages à côté de lui. *Pauséas*, sous un air bénin, avec des cheveux plats, le regard hypocrite, un ton mielleux, ses poches pleines de topiques contre la goutte, insulte aux Philosophes, met un père de famille incrédule à la mendicité, colporte des libelles mystiques, et tache de convertir les sermons des Prêtres en discours séditieux. *Mézarion* se promet bien d'étonner l'Europe par une révolution complète, et se familiarise tous les jours avec les esprits divins qui doivent un jour se rendre ses coopérateurs. Quels sont les dignes instruments qui font agir les sérénissimes machines ? Des fripons chamarrés de rubans, des Officiers qui vendent des filles, des chanoines qui jouent la comédie, des musiciens littérateurs, des financiers qui singent le désintéressement, des prédicateurs énergumènes, des théologiens, tour à tour athées et déifies, un histrion philosophe, un abbé impur, passant le jour au banquet et la nuit chez Messaline. Voilà les grands hommes du jour, les précepteurs des nations, les lumières du nouvel Évangile.

Ciel ! à quels plats Tyrans as-tu livré le monde ?

Quel choix faire parmi cet amas dégoûtant de vices, de faiblesse, d'imbécillité ? Aussi, dans tous les genres, les contrées sont frappées de stérilité ! À peine compte-t-on quelques âmes énergiques, et telles que ces plantes qui croissent sur un sol étranger, on voit qu'elles étaient nées pour des jets vigoureux ; mais chaque année elles dégénèrent. Les extrémités sont telles que la calamité est à son dernier période, puisque l'on rougit de sa Patrie. Ah ! pourquoi en rougit-on ? Parce qu'on calcule tous les degrés de sa décadence. Souffrir est beaucoup, mais déchoir est tout. L'homme habitué à se glorifier de son pays, éprouve un chagrin profond quand il voit une dégradation précoce, l'ouvrage d'un siècle renversé en un jour. Les maux ne sont pas consommés sans doute, dans un si court espace, et cela même est un mal. Dès que la machine est ébranlée, on est certain de sa chute, et l'on a la douleur de voir chaque jour se détacher une partie de l'édifice.

Si tous les malheurs sont déjà si sensibles, une époque où la secte ne fait que de se montrer avec succès, que sera-ce quand le temps aura familiarité les hommes avec les absurdités ? Car tel est l'esprit humain ; le temps l'accoutume aux objets les plus bizarres. Les mystères se célèbrent aujourd'hui dans des lieux retirés et presque inconnus ; dans vingt ans ils se célèbreront dans des temples. Pour quiconque observe, le changement est rapide. Nous voyons aujourd'hui des hommes parvenir, qui s'étaient volontairement plongés dans une utile obscurité ; des panégyristes effrontés, s'attacher au char de ceux qui s'estimaient heureux quand ils obtenaient de l'indulgence ; des militaires, jusqu'ici placés au temple de la gloire, aller brûler leurs lauriers aux pieds de gens qui les caressent pour les avilir, ne pouvant se déguiser que leurs louanges entachent quiconque les accueille.

Nous voyons encore des hommes qui, dans les commencements d'une époque nouvelle, se déclaraient généreusement pour le parti de la vérité, le déserter peu à peu, trouver possible ce qui leur avait paru absurde, se lier, sous prétexte de se faire instruire, devenir un apôtre zélé, en croyant n'être qu'un défenseur équitable.

CHAPITRE XV
Moyens divers d'affaiblir le crédit de la Secte

C'est vous que la terre implore, vous, dépositaires des sciences et du génie ! Loin de vous les ménagements calculés sur les orages de, l'avenir. Ce n'est ni par des vérités générales, ni par des allusions dont l'amour propre détourne le sens, ni par des allégories au-dessus de la sagacité du vulgaire des lecteurs, qu'il faut combattre un fléau menaçant les Rois, les nations, la société ; c'est en démasquant les sectaires, c'est en les dénonçant. Que cette guerre exigera peu de courage, si les gens de lettres réfléchissent que les Rois ont bien plus besoin de leurs lumières créatrices, qu'eux n'ont besoin de leurs chétives pensions. Que serait un pays sans Jurisconsultes, sans Prêtres, sans Médecins, sans Ingénieurs, sans Architectes, sans Arithméticiens, sans Artistes, sans Gardiens de l'Histoire. Le Peuple immense que les sciences forment, polissent, existerait sans Rois ; mais les Rois n'existeraient pas sans lui, ou ils régneraient sur des brutes, sur des champs agrestes, sur la terre de feu. Que l'homme honnête, sincère et vraiment instruit apprenne donc à s'estimer, non pour se livrer à un fol orgueil, qui obscurcirait ses talents et affaiblirait ses moyens ; mais pour nourrir ce courage de l'âme, qui est la première des vertus, ou plutôt le foyer où toutes s'épurent et se renforcent.

PREMIER MOYEN
Écrits des Gens de Lettrés

Quels moyens emploiera-t-il ? D'abord il faut malheureusement employer la génération présente : les soins doivent se porter sur celle qui la suit. C'est en faisant adorer et respecter la vérité, c'est en représentant la Religion sous les traits de la Sagesse, c'est en substituant l'art de raisonner juste aux puérilités des premières Écoles, aux fictions poétiques, et aux figures de l'éloquence trop prisées. C'est en faisant des hommes, et non des Rhéteurs, des Jurisconsultes, des Naturalistes, que l'esprit prendra une forme rebelle aux erreurs qui s'en emparent avec tant de facilité.

SECOND MOYEN
Inspirer le goût de la lecture

Pourquoi les absurdités les plus révoltantes trouvent-elles un si facile accès ? C'est, il faut l'avouer, parce que personne ne lit. Je soustrais tout-à-fait les peuples semés dans les campagnes ; et j'ose avouer qu'il n'y a pas dix personnes sur mille qui cultivent leur esprit. Il n'y en a pas cinq qui soient éclairés, il n'y en a pas un sur mille qui soit profondément instruit (Note XVI). Ce calcul effrayant n'en malheureusement que trop juste. La première cause de cette indifférence pour la lecture, c'est qu'il y a trop peu d'avantage à dévouer la jeunesse à l'étude. Les places qui rapportent, vulgairement de l'honneur, sont aussi les plus lucratives, et presque toutes réservées pour l'ignorance titrée. La seconde cause, c'est que rien n'est plus rare que des Professeurs qui sachent communiquer leurs lumières. Le talent d'enseigner est le dernier période de la clarté de l'esprit. Peu de Maîtres connaissent l'art difficile d'éveiller le désir de savoir. Dans les Éducations privées, les Précepteurs sont pédants ou ils ne sont rien. Et de toutes les conditions de la vie, petit-être n'en est-il pas une où il soit aussi rare da trouver un homme au niveau de sa place.

TROISIÈME MOYEN
Nouvelle Éducation

Une éducation soignée conduirait à un remède bien efficace. C'est un voyage sagement dirigé, pour ceux à qui la fortune le permet, et il en est à qui leur position l'ordonne. Les idées s'agrandissent dans las espaces qu'on parcourt. On apprend en Angleterre à rougir de la crédulité ; et quoique cette île célèbre renferme des espèces de Sectes, toutes aussi humiliantes pour la raison que le Jansénisme, les Moraves, les Hernhutes, du moins tient-elle les

Saint-Germain, les Cagliostro à une grande distance. Elle renferme, au besoin, les Gordons. Dans d'autres pays l'application au commerce, en Suiffe l'agriculture, le plaisir en France, les beaux arts en Italie, l'histoire naturelle dans quelques contrées de l'Allemagne, le fanatisme de la liberté en Amérique, distraient de ces pensées sombres et fanatiques, qui exercent leur empire avec trop de succès dans quelques parties du Nord.

QUATRIÈME MOYEN
Réforme dans l'Ordre des Francs-Maçons

Je ne balancerai pas à présenter pour remède une grande réforme dans la Maçonnerie. Mais cet article délicat est susceptible d'une explication bien détaillée ; et je prie le Lecteur de peser scrupuleusement mes paroles.

L'Ordre des Francs-Maçons peut être moins ancien qu'on ne croit (Note XVII), mais répandu sur toute la terre, a pour objet la charité, l'égalité des conditions ; et la parfaite harmonie. L'Angleterre est son berceau, quoique les observations, de l'Historien d'Alsace aient cependant répandu quelques doutes. Leur régime a été tour à tour gâté, épuré, réformé, perfectionné. L'Anglais plus confiant obéit aux mêmes lois depuis des tièdes ; le François, toujours avide de plaisir, mêle un peu de gaîté aux choses les plus saintes. Le Germain, plus solide, a voulu porter l'institution à un degré plus sublime. Les assemblées ont un but estimable. Un seul individu plein de zèle est souvent réduit à des vœux stériles ; car que peut un seul homme contre le malheur général ? Mais le grand nombre qui contribue à telle et telle opération peut beaucoup ; et c'est au point que deux Loges dans une ville en ont fait quelquefois disparaître la mendicité.

Après cette profession de respect bien sincère, je me permettrai d'observer que des abus s'y sont glissés. Quelquefois il a servi de prétexte à la dissipation outrée, comme d'asile au fanatisme, et plus souvent prêté son régime, les temples, ses orateurs, à la secte des Illuminés, ainsi que nous l'avons plus amplement établi. Il s'agirait donc de conserver cette société bienfaisante, et de prévenir les abus (Note XVIII), et d'imiter plutôt l'Empereur qui la garde avec des modifications, que Naples qui la chasse avec ignominie. Ne serait-il pas possible de diriger les Francs-Maçons même contre les Illuminés, en démontrant que pendant qu'ils travaillent à conserver l'harmonie dans la société, ceux-ci jettent partout les semences de la discorde, et préparent la destruction des Francs-Maçons dans tout pays où la succession des règnes amènera seulement une fois un Souverain philosophe (Note XIX). Si dans les beaux jours de Frédéric on eût mis sous ses yeux le tableau du mal, il eût porté la cognée à la racine, et renversé l'arbre, au lieu de couper les branches parasites. Les Francs-Maçons remédieraient donc à de grands maux s'ils détruisaient, 1°. les chapitres, les assemblées mystérieuses des hauts grades ; 2°. s'ils supprimaient les contributions extraordinaires, et se bornoient aux modiques dépenses de l'entretien d'une Loge ; 3°. si les Loges Écossaises obtenaient des Gouvernements la suppression des Loges Éclectiques, Sinzendorffiennes, Réformées ; 4°. s'ils ne choisissaient pour orateurs que des personnes connues pour avoir un peu de philosophie dans les principes, et de vraies lumières, pour démasquer au besoin les vues hypocrites des Illuminés. L'effet de ces moyens ne sera ni rapide, ni complet ; mais il commencera une révolution. Si les Francs-Maçons ne peuvent exister avec les modifications, je le dis à regret, alors il vaudrait mieux qu'ils n'existassent pas. Le bien qu'ils font ne peut-être comparé au mal qu'ils occasionnent.

CINQUIÈME MOYEN
Le Ridicule

C'est au Théâtre, qu'il faudrait confier l'anéantissement de cette Secte ténébreuse. Les Souverains protecteurs ne permettraient pas sans doute qu'elle fût jouée sous leurs yeux. Mais il existe encore des contrées d'où les Illuminés sont proscrits. Si deux ou trois Théâtres en faisaient justice, les plaisanteries circuleraient, on ferait partout l'application des traits heureux ; on citerait le nouvel Aristophane. Le ridicule entache, la considération baisse, et bientôt l'on déserte un Parti devenu le sujet des sarcasmes universels. Ce n'est pas un paradoxe de dire que l'État a besoin d'un Molière, peut-être plus que d'un Bourdaloue. Nous jouissons tous les jours des bienfaits du premier, et nous ne voyons plus de traces de l'éloquence du second. Je n'insiste pas sur une doctrine dont il est si facile d'abuser et si difficile de démontrer l'erreur.

Si jamais les hommes ont fourni un beau sujet à la verve comique, c'est dans la bizarre association des Visionnaires. La faiblesse de la crédulité, le travers des esprits faux, ce que nous appelons *bêtise*, c'est-à-dire l'impuissance de mettre deux choses ensemble, les détours de l'hypocrisie, la maladresse des menteurs, les frayeurs ridicules deviendraient une source féconde de plaisanteries sous les pinceaux de quelque Plaute moderne. Et tandis que l'honnêteté, la délicatesse, nous reprochent quelquefois le rire que nous arrache l'image de nos défauts présentée avec une spirituelle malignité, ici la vertu, la probité, devraient se réjouir d'entendre crier les victimes sous le stylet de l'épigramme ou sous la verge de la satire. La commisération alors deviendrait une espèce de crime ; et ceux à qui la nature n'a pas donné le talent d'aiguiser une épigramme, doivent s'en dédommager par la publicité de leurs suffrages, et l'ivresse de leurs applaudissements.

La Nation qui a le plus besoin de remèdes est peu sensible au sel de l'ironie, et sa langue est peu propre à le répandre. On voit naître cependant l'aurore d'un goût plus épuré ; et quatre ou cinq Pièces, depuis quelques années, font présumer que le Théâtre pourrait employer le langage de la raison soignée et de l'esprit délicat.

En vain l'on s'efforce de rabaisser les Ouvrages périodiques, ce sont ceux cependant qu'on lit ; c'est l'histoire du moment, des découvertes, des belles actions. Les Témoins existent ; les Personnages sont en scènes. Ils confirment ou démentent les présages ; ils entretiennent l'espérance. Les Journaux sont les annales des Nations ; c'est ce dépôt historique tant vanté chez les Chinois, et moins réalité peut-être que parmi nous. Il y en a de consacrés à l'Art Militaire, à l'Agriculture, au Commerce, à la Physique, à la Religion ; pourquoi n'y en aurait-il pas un qui enregistrerait les erreurs de l'esprit humain, et spécialement celles qui tendent à la destruction de la Société ? Les Éphémérides du Citoyen en France ont inspiré le goût de l'économie rurale. Cette science s'est étendue sur différentes branches du Gouvernement ; on a étudié sa marche mystérieuse, vérifié les abus soupçonnés, présenté les remèdes. De là les ouvrages sur la Théorie de l'Impôt, sur les Droits du Peuple, sur la Perception. MM. Quesnay, de Mirabeau, Beaudeau, le Thrône, Dupont, Turgot, et tant d'autres, ont rendu des services répétés à leur Patrie. Pourquoi ne pas espérer le même succès d'un ouvrage dirigé par des plumes réfléchies, contre des ennemis si faibles, quoique si dangereux, qui, semblables à ces oiseaux nocturnes, perdent leur existence à l'aspect du soleil. Il ne faut puas les combattre, mais les faire connaître. Rien ne peut mieux servir un tel projet, qu'un ou orage qui, par sa nature, est l'ouvrage de tout le monde, où chacun est appelé à déduire ses preuves ; ouvrage qui, sans être approuvé du Gouvernement, a cependant une espèce de sanction, et distribue promptement les vérités dont on le rend dépositaire.

Ces moyens sont faibles, incertains ; qui plus roue moi est pénétré de leur insuffisance ! Ils seront augmentés par des Citoyens qui ne désespèrent pas encore de la Patrie. Quant à moi, que les circonstances ont mis dans la nécessité cruelle d'approfondir la perversité de la Secte et de connaître l'étendue de ses ravages, j'avoue que mon espoir chancelle et que mon courage est presque abattu ; je vois toutes les passions intéressées à soutenir le système des Illuminés ; je vois les Chefs des Nations précipiter leurs Peuples dans l'abîme ; et le mal est d'autant plus irrémédiable, qu'ils croient verser sur eux des torrents de lumière et rehausser leurs conditions ; je vois que les Chefs de la Secte, devenus aussi les dominateurs des Rois, devraient abdiquer l'autorité qu'ils ont usurpée et renoncer aux trésors dont ils disposent. Je vois que tous les grands ressorts dont la Société fait un usage précieux pour retenir les penchants des hommes, tels que la Religion, la Loi, sont sans force pour rompre une association qui s'est fait un culte, et se met au-dessus de toute législation humaine. Je vois enfin un enchaînement de calamités dont le terme se perd dans la nuit des âges, semblables à ces feux souterrains dont l'insatiable activité dévore les entrailles du globe et s'échappent dans les airs par une explosion violente et dévastatrice.

Eh ! pourquoi, s'écriera-t-on, nous inspirer votre découragement ? Vous, répondriez-vous que vos craintes ne sont pas exagérées ? que nous reste-t-il à tenter, si le mal est sans remède ?

La plupart des hommes sont si loin de pouvoir répéter cette objection, qu'à peine croient-ils à l'existence du fléau qui les accablera. Dès l'instant qu'on en sera convaincu, le coup essentiel est porté à la Secte. Les hommes vrais, voués à la Patrie, amis de la vertu, feront une ligue contre tout ce qui sera suspect. Je sonne l'alarme, non pour que l'on épouse mes craintes et que l'on suive ma bannière, mais pour qu'une inquiétude salutaire descende dans tous les cœurs. Pour se délivrer de ce trouble secret, chacun interrogera ses oracles ; de cette multitude de réponses naîtra un accord d'opinions qui soulagera les esprits. Le mal même est pire que le vague désolant de l'incertitude. Un des hommes les plus savants de ce siècle, répondit à un de ses amis qui lui disait : Est-ce donc un si grand mal que cette association des Théosophes ; « ce n'est pas un mal, c'est l'assemblage de tous les maux. »

Si l'on pouvait dire tout ce que l'on sait, en ne disant cependant que le vrai, quel effrayant tableau on offrirait ! Mais cela même ; qu'on est obligé de se taire, qu'annonce-t-il ?

Au reste, si dans le cours de cet Essai, où je n'ai pas dû penser au style, je m'étais éloigné de cette sage modération, qui est presque toujours aux dépens de l'utilité générale, peut-être serais-je excusable, si l'on réfléchit que je suis à chaque instant interrompu par une calamité nouvelle. Tantôt c'est un Être retiré de la boue, du mépris, pour être remis en lumière, et pour enlever une place à ceux qui avaient le droit d'y prétendre ; tantôt c'est le conseil de l'ignorance illuminée ; qui précipite une Nation dans des démarches dont un siècle peut-être n'effacera pas l'imprudence. C'est toujours un nouveau pas vers, la décadence, spectacle d'autant plus désolant, qu'il ne laisse pas même l'espoir d'un meilleur sort.

O toi qui remplis la terre des hauts faits et des grandes vertus, Renommée ! porte ailleurs ta trompette harmonieuse, et plains la destinée de l'Autrichien et du Hongrois, qui vont, pour une cause étrangère, braver le feu du canon, les horreurs de la peste, et la cruauté de l'esclavage ; dis le courage magnanime de ces Magistrats, qui emportèrent l'honneur des Lois dans les langueurs de l'exil, et aimèrent mieux sauver les débris de la Magistrature pour les rassembler dans des temps plus heureux, que de légitimer le coup qui les frappait en en reconnaissant l'autorité ; raconte aux Nations amies de la liberté, que les Patriotes se préparent à renaître de leurs cendres, et amassent la vengeance pour la faire éclater dans des temps plus prospères ; apprends à l'Europe timide, par l'exemple d'un Pontife raisonnable, l'usage qu'elle doit faire de ces trésors, inutiles à la gloire des Saints, qui, s'ils existent, méprisent les puérilités de la terre. Mais ensevelis dans un silence salutaire, les honteuses opérations de l'incapacité orgueilleuse, les barbaries et les pillages des brigands stipendiés ; les outrages multipliés faits aux mânes des Grands Hommes. Ne publie jamais qu'un Capitaine, encore plus emporté que valeureux, compte pour rien les victimes immolées à son ambition, pourvu que leur sang fasse croître les lauriers ; laisse dans un officieux oubli des noms indignes d'être connus, et le plus grand de tes bienfaits sera de leur épargner la honte de paraître dans l'Histoire ; étends un voile épais sur les odieuses intrigues filées par des hommes qui ont conspiré la honte des Souverains, manœuvres indignes qui laissent les services sans récompenses, la vertu sans honneur, le talent sans protection, la vérité sans hommage, la Patrie sans gloire, le Trône sans appui, le génie sans emploi, la Société sans harmonie, les cœurs sans amitié, l'esprit sans ressort, la raison sans exercice, le malheureux sans asile, le sage sans espoir, et les Rois mêmes sans sûreté.

NOTES

NOTE PREMIÈRE

Et vont autres Théosophes, dont les noms devraient avoir le sort de leurs talents, c'est-à-dire demeurer à jamais inconnu (page 14)

Ils sont répandus dans toute l'Allemagne et connus par des livres mystiques, ou des correspondances hiéroglyphiques. Il existe à Weimar un M. B... Pontife révéré de cette nouvelle Église, honnête homme d'ailleurs ; mais tourmenté du désir de jouer un rôle ; à Scheswick, deux frères qui jugent se la validité des miracles et canonisent les Saints de la Franc-Maçonnerie Éclectique ; à Breslau, un Militaire fanatique, plein de vertus et de courage, mais tellement aveuglé par les Coryphées de la Secte, qu'il se battrait pour eux comme il s'est battu pour la Patrie ; à Hambourg, une Société ignorée de la multitude, mais faisant des Prosélytes qu'elle disperse dans la Prusse et dans la Suède. Peu de villes en un mot où il n'y ait des chaires d'erreur.

NOTE II

Un Banquier met Melchisédech au-dessus de Jésus-Christ (page 17)

Ce n'est pas ici le lieu de faire une dissertation complète ; mais le Banquier n'est pas le premier qui ait risqué une pareille opinion. Il est vrai que ses partisans disent que Melchisédech est un personnage allégorique, qu'ils revêtent de caractères propres à la divinité. On peut, sur ce sujet, apaiser sa curiosité dans la dissertation sur Énoch, dont Voltaire a fait usage dans ses questions sur l'Encyclopédie.

NOTE III

On ne peut pas dire vue le Système Visionnaire ait remplacé la Philosophie (p. 18)

Il est vrai que des femmes, jadis aimables, au lieu de donner dans la dévotion, se jettent dans la Théosophie ; que les gens du monde se mettent à faire les théologiens, et qu'il y a une disposition à la crédulité, inconnue même sous la fin du règne de Louis XIV. Il semble que les hommes ne puissent jamais que changer d'erreur, et qu'ils soient condamnés à être dominés par des philosophes audacieux ou par des raisonneurs crédules.

NOTE IV

Ils étaient gouvernés par un seul homme plus despotiquement que par le Monarque le plus absolu (page 21)

Malheureusement il faut convenir que c'est ainsi qu'on doit gouverner les hommes, quand on veut les employer avec utilité. La justice doit être sévère ; en matière de gouvernement, l'extrême sévérité n'est guère que le despotisme. Les royaumes, les armées, les grands corps ne peuvent subsister que lorsqu'ils sont tenus par une volonté ferme. Je sais bien que ce raisonnement admet beaucoup de nuances, mais je sais mieux encore que dans la pratique elles s'effacent.

NOTE V

Ou les séances de la rue Platrière (page 26)

IL y a eu dans cette rue une espèce de Temple dont le Grand-Sacrificateur était M. d'E***, celui qui vient de s'opposer à l'enregistrement de l'Édit en faveur des Protestants. Le Magnétisme était le prétexte, mais le but était une exhortation à remonter aux sources cachées de toute lumière, renfermées dans la Théosophie. On distribuait un petit imprimé, sur lequel était aussi un amas de gravures hiéroglyphiques. On se moqua du billet, du Prédicateur, de l'Institution ; et elle est tombée, du moins pour le moment. M. d'E*** dressera ses tréteaux quelque autre part. Il faut qu'il *prêche* ou qu'il *remontre*. On commence cependant à lui rendre la justice qui lui est due ; si les visionnaires s'approchent, les gens sensés se retirent.

Cet homme a diminué de beaucoup le bienfait que le Gouvernement destinait aux non Catholiques. À force d'ameuter, de crier au scandale, il a formé un parti ; pour apaiser un corps toujours prêt à prendre feu, on a cherché des tempéraments et affaibli une grâce qui ressemblait à une justice. Si des plumes courageuses avaient mis M. d'E*** à sa place, on lui eût ôté le pouvoir de nuire : mais tout est libelle aux yeux de certaines gens. Les méchants et les imbéciles ont tant de protecteurs, qu'ils jouissent de la liberté qu'ils enlèvent aux autres.

NOTE VI
Ou les nocturnales de Berlin (page 31)

« Monsieur de ..... accablé sous les affaires d'État, et qui ne peut donner de son temps précieux qu'à des Banquiers Juifs, a cependant trouvé le moyen de décorer dans sa maison une salle mystérieuse, pour évoquer les esprits, et faire les cérémonies du culte reçu dans le Jésuitisme. Cette maison à été vendue au Roi, qui doit en faire présent à M. *Dubosc*, l'un des Grands-Prêtres de cette Religion. Dès ravinement du Roi au Trône, ce lieu fut contacté aux opérations magiques. Mais comment réunir Jésus et Bélial ? Cette question n'embarrasse pas des Apôtres qui savent faire des prosélytes à leur Religion par une douceur hypocrite. La forme de cet appartement enchanté est quarrée ; l'un des côtés est garni de petits fourneaux, dans lesquels se consomme le mystère de la fumigation. Au milieu de ce temple est une petite élévation, sur laquelle paraît l'Esprit sous un voile blanc, voile tissé en France, et qu'on fait venir de ce royaume on l'on trouve seulement les qualités qu'on lui attribue. Ce voile dérobe aux yeux des spectateurs aveugles, un homme qui s'introduit sur le monticule, lorsque l'heure des charlataneries approche : l'imposteur qui se prête à cette tromperie grossière, est ventriloque, et imite assez bien le langage que la crédulité a prêté aux esprits. Non content de cette innocente supercherie, les coins du temple sont garnis de miroirs magiques, dans lesquels se représentent ceux que l'on conjure. Un grand Seigneur assiste souvent à cette cabale d'un nouveau genre ; mais l'impression est si sorte sur lui, qu'il ne peut y résister qu'avec le secours de gouttes restaurantes. Elles sont de la composition du ventriloque Steinert, qui reçoit cinq cents écus de pension de cet auguste prosélyte, pour l'art de distiller ce philtre magique et confortatif. Il est sous-entendu qu'on donne à cette jonglerie tous les dehors d'une fête religieuse, qu'on met dans la bouche muette et éloquente du ventriloque des expressions ascétiques, et qu'on prend toutes les précautions pour envelopper le tout des nuages du mystère. Que penser maintenant d'un état où les Chefs de cette imposture combinée tiennent le premier rang, soit dans les affaires civiles, soit dans les militaires ? Que dire, quand on voit que c'est par ce cabinet d'épreuves que doivent passer les sujets que placent les B.... et W.... Ces messieurs ont un art perfide pour séduire les esprits tendant à la crédulité, et les conquérir au Jésuitisme. Ils sont un mélange adroit de leurs connaissances occultes et de leur crédit connu ; ils promettent la fortune ou des distinctions, s'emparent des premiers de l'État, et assurent ainsi un certain nombre de suffrages à leurs coupables opérations. Enfin, ils cachent leur ambition effrénée sous une apparente modération, et confondent la Maçonnerie, les Illuminés et les Martinistes : ils emploient les erreurs populaires à leur système, et s'élevant au-dessus, se nomment citoyens du monde ; ils graduent les confidences, les préparations avec beaucoup d'art, et même redoublent de prudence, depuis que des adeptes ont été transfuges de leur ordre, ne pouvant apaiser leur conscience révoltée à la vue des horreurs qui sont naturalisées dans cette secte. Mais ces vertueux apostats n'ont pu révéler les mystères, soit parce qu'ils avaient proféré des serments, fait parce que leurs jours étaient menacés ; c'est ce qu'on a vu dans la manière dont ils ont masqué leurs vrais sentiments. »

« L'exemple des Cagliostro, des Lavater, prouve que les Rois, les Ducs, les Grands de ce monde ont un invincible penchant pour ce qui est surnaturel, mais sans en devenir plus sages ou plus humains. Quel peut donc être le motif qui fasse descendre l'orgueil des Rois à ces viles confréries, où, malgré les dehors du respect, on ne fait que bafouer leur ignorance et leur crédulité. S'il y avait un secret dans cet ordre, ce serait précisément les Grands qui ne l'apprendraient pas. Comment peuvent-ils être fascinés par des gens qui jamais ne peuvent servir un État, puisque leur correspondance, leurs machinations, leur apostolat doivent prendre un temps que les affaires réclament : ils veulent faire revivre les magiciens d'Égypte ; mais le siècle des Pharaons est passé, et malgré leurs efforts, il ne s'en trouvera pas un second. Dès qu'ils apprennent que, dans quelques parties du monde que ce soit, il y a un homme instruit, ou réputé tel, ils l'appellent ; et ce nouveau fardeau pour l'État, lui pèse en raison de sa naissance et de son habileté. »

(Lettres Secrètes, ou Correspondance sur les premiers temps du règne de Frédéric-Guillaume.)

NOTE VII
Ceux-là le Salon des oubliettes (page 29)

Maison de plaisance du Cardinal de R., Château situé à Ruelles, bourg à deux lieues de Paris. Un Financier, depuis, en est devenu possesseur. Il imagina qu'un trésor y était enfoui ; ordonna des recherches, et trouva un puits fermé, au fond duquel étaient les ossements d'environ quarante cadavres. C'étaient autant de victimes immolées à la sûreté du tyran.

(Corresp. Litt. Secrète).

NOTE VIII
Et que le Journal de Berlin a fait connaître (page 34)

Nous voulons parler du Monatsfchrist, fort supérieur à tous les Journaux de Berlin, et la plupart de ceux de l'Europe. On lui a reproché de trop s'appesantir sur les affaires des illuminés. Y a-t-il aujourd'hui un sujet plus important pour l'Allemagne ? Quand cet ouvrage périodique y serait consacré tout entier, ce serait un grand bien pour la raison et pour l'humanité. Assez d'autres nous apprendront que Damis a fait une comédie, que Cléon a donné un joli roman : qu'il y ait au moins un homme d'esprit, vrai philosophe, à la poursuite de l'erreur. C'est ce Journal qui nous a conservé l'anecdote suivante.

Lettre sur une anecdote de Swedenborg

Dans le N° de janvier 1788, il est question de Swedenborg, de ses sentiments mystiques, de ses prétendues apparitions, et de l'imbécile fanatisme qui, de nos jours, accrédite pareilles extravagances. Je n'appartiens pas à la secte des visionnaires, je n'ai pas pris ouvertement parti contre eux, quoique je regarde leurs chimères comme nuisibles, et que je mette au rang des devoirs, d'empêcher, autant qu'on le peut, les progrès de l'erreur. C'est dans cette vue que je vous communique l'anecdote suivante.

En 1771, une personne que je ne puis nommer ; après m'avoir vanté les opinions de Swedenborg, me prêta un extrait de ses œuvres. Dans la préface se trouvait un de ses miracles très avéré, c'était celui-ci.

« Feu la Reine de Suède Louise Ulrique avait chargé Swedenborg de savoir de son frère, mort depuis quelques années,[6] la raison pour laquelle il n'avait pas répondu à une certaine lettre qu'elle lui avait écrite. Vingt-quatre heures après, Swedenborg apprit à la Reine le contenu de sa lettre, que personne, excepté son frère et elle, ne pouvait savoir. Consternée, elle fut forcée de reconnaître dans ce grand homme, une science miraculeuse. »

Que répondre aux faits, surtout quand ceux qui les rapportent, appellent en témoignage des personnes encore vivantes ? Peu de temps après je fus à Stockholm ; j'entendis parler rarement de Swedenborg : ses chimères y avaient peu de partisans, et l'on ne racontait ses merveilles que comme des folies. Malgré cela, j'ai des raisons de croire que dès-lors la société qui se nomme philanthropique, existait, et travaillait à illuminer les esprits ; mais jeté dans le tourbillon de la Cour et du grand monde, je m'occupais fort, peu des assemblées mystiques. J'eus cependant occasion de parler à la Reine-mère de Swedenborg ; elle me raconta avec une forte persuasion, l'anecdote de la lettre, et quiconque a connu cette sœur éclairée du grand Frédéric, sait qu'elle n'était rien moins que fanatique, et que la trempe de son esprit était toute opposée à pareilles chimères : Cependant elle parut si convaincue des connaissances surnaturelles de Swedenborg, qu'à peine avais-je le courage de hasarder quelques doutes, ou des soupçons sur une intrigue secrète d'ailleurs ; un *je ne suis pas facilement dupe*, termina toute contradiction.

---

[6] Le feu Prince de Prusse, mort en 1778, frère de Frédéric II, et père du Roi d'aujourd'hui.

Il fallut me taire, et attendre un moment plus favorable. Le lendemain, j'allai voir le vertueux chevalier *Beylon*, chez lequel je trouvai un des Suédois les plus éclairés, le comte F. La conversation tombe sur Swedenborg. Je raconte ce que la Reine m'avait dit. Le vieux chevalier regarde le comte : tous deux sourient, comme s'ils connaissaient les ressorts secrets de cette histoire ; je montrai de la curiosité, et voici comment M. Beylon éclaircit le mystère.

« On regardait la Reine comme le mobile principal de cette révolution survenue en Suède, l'an 1756, et qui coûta la vie à MM. de *Brahé* et de *Horn*. Peu s'en fallut que le parti qui triomphait alors, ne lui demandât compte du sang versé. Dans cette situation critique, elle écrivit au Prince de Prusse son frère, pour lui demander le recours de ses conseils. La Reine ne reçut point de réponse. Le Prince étant mort peu après, elle n'apprit jamais la cause de son silence. Lorsqu'elle chargea Swedenborg, devant les Sénateurs Comtes de T. et de H., d'aller le demander aux esprits, le comte de H., qui avait intercepté la lettre, savait aussi bien que le comte de T., pourquoi Sa Majesté n'avait pas reçu réponse. Tous deux résolurent de profiter de cette singulière circonstance, pour faire parvenir leurs avis à la Reine, sur différents objets qu'ils espéraient lui rendre palpables. Ils vont, en conséquence, trouver le visionnaire pendant la nuit, et lui dictent sa réponse. Swedenborg, au défaut d'inspiration surnaturelle, saisit cette révélation, court le lendemain chez la Reine, et dans le silence de son cabinet, il lui dit que l'âme du Prince son frère lui est apparue, et l'avait chargé de lui annoncer, qu'il n'avait pas répondu, parce qu'il avait désapprouvé sa conduite ; que sa politique imprudente et son ambition étaient cause du sang répandu ; qu'il lui ordonnait de sa part de ne plus se mêler des affaires d'état, et surtout de ne plus exciter des troubles dont tôt ou tard elle serait la victime. »

« La Reine, jetée dans la plus grande surprise, de ce moment crut aux Esprits, à leur interprète Swedenborg, sans cependant entrer dans aucuns détails qui pussent confirmer ce qu'il avançait. Les Seigneurs, Suédois qui venaient d'administrer à la Reine cette médecine morale et politique, se gardèrent bien d'en parler, puisqu'elle ne leur eût jamais pardonné, même après la révolution de 1772. »

« Tant que la Reine à vécu, peu de personnes, en Suède, ont su cette anecdote, et voici comment elle s'est découverte. »

« Le vieux chevalier Beylon, qui par hasard passa à trois heures du matin par le Sudermann, où Swedenborg demeurait, vit les deux sénateurs sortir furtivement de sa maison. Il avait été présent lorsque la Reine donna la commission à Swedenborg ; d'après cela il devina facilement le plan, se tut, content de ce que la Reine avait reçu cette leçon. »

« Voila la clef d'une histoire, qui vraisemblablement a valu plus d'un adepte à la secte théosophique. J'atteste la vérité de cette histoire qui, depuis ; m'a été confirmée par une personne d'un rang supérieur. »

« Le chevalier Beylon m'a raconté beaucoup d'autres traits de Swedenborg qu'il avait connu. Les uns sont effacés de ma mémoire, les autres sont publics ; le plus grand nombre ne sont pas fort importants. »

« Il dépend de vous, Monsieur, de me nommer, si quelqu'un élève des doutes sur la vérité de ce récit ; si personne ne le contredit, je demeurerai sous le voile de l'incognito. Dans la solitude que je me suis faite, il ne me convient guères de rompre des lances avec les habitants de la nouvelle Jérusalem : avant de faire corps avec eux, j'attends qu'on ait trouvé la belle ville aux murs de jaspe ; et qu'on ait donné une partie du pavé d'or pour caution. »

Je suis, etc.

9 février, 1788.

L'histoire de la reine Ulrique a été si souvent racontée, qu'une explication était fort désirable, dans un moment surtout où le Thaumaturge trouve tant de Sectateurs. L'auteur anonyme avoue des faits si clairs, et les appuie de circonstances si particulières, que peu de personnes élèveront des doutes sur l'authenticité de son récit. Cependant, pour être tout-à-fait impartiaux, nous devons ici publier qu'une autre personne, également digne de foi, nous a éclairci le même fait d'une manière différente, c'est-à-dire en niant son existence d'après ce qu'il tenait de la bouche même de la Reine. Telle est donc la seconde version :

« Je trouvai à Stockholm ce bruit généralement accrédité. Swedenborg avait donné à la Reine Douairière des nouvelles de feu le Prince de Prusse. On assure qu'elle n'avait donné cette commission que pour éprouver la vérité de ses visions ; mais quel fut son étonnement, lorsque le Prophète, admis publiquement à une conversation, lui apprit tout ce qu'elle avait demandé. »

« Ayant un libre accès auprès de la Reine, je saisis un jour l'occasion de lui demander la vérité des faits émincés. Elle me répondit, en souriant, qu'elle n'ignorait aucuns des écrits qui se répandaient, ni les motifs des personnes qui les accréditaient contre leur propre conviction. »

Swedenborg s'était offert de prouver à la Reine la vérité des visions sur lesquelles sa croyance chancelait étrangement. Elle parla des plans secrets d'après lesquels on avait eu dans des temps de trouble des intentions bien profanes à propos du don céleste de faire des miracles. Ceci se rapporte à la première version, qui suppose le Thaumaturge devenu l'organe d'un parti secret.

Ne se pouvait-il pas que dans le premier moment la Reine eût cru sincèrement au pouvoir céleste de Swedenborg ; mais que la réflexion l'amène à chercher une explication plus naturelle, et pour cacher ses soupçons, peut-être parut-elle croire toujours à la voie miraculeuse qui avait tout révélé. Qui sait si Swedenborg ne lui a pas avoué toute l'intrigue.[7]

L'Abbé Pernetti, éditeur des Œuvres de Swedenborg, raconte que la Reine de Suède demanda au Théosophe, pour éprouver ses connaissances, le contenu d'une lettre qu'elle avait écrite à son frère, et que Swedenborg l'avait pleinement satisfaite ; que, dans son dernier voyage de Berlin, elle avait admis quelques Académiciens à sa table : ceux-ci lui demandèrent la vérité de l'histoire de la lettre révélée, elle répondit : Oh ! pour ce qui regarde l'histoire

---

[7] C'est ce qui n'est pas à supposer. Jamais Illuminé ne s'est confessé coupable de mensonge. L'aveu d'une seule imposture décréditerait sa vie entière. Il est essentiel de passer pour infaillible. Il n'y a pas de milieu entre le rôle d'homme divin et celui d'imposteur.

de la Comtesse de Mansfeld, celle-là est véritable. On lui redemanda une somme qu'elle avait déjà payée ; mais dont elle avait égaré la quittance. Elle s'en plaignit à Swedenborg, qui, vingt-quatre heures après, lui dit que feu son mari lui avait apparu pour lui apprendre on était la quittance. Elle se trouva en effet au lieu qu'il désigna. La vérité est que le papier avait par hasard servi de marque à un livre mystique, que le Comte avait prêté à Swedenborg ; et comme cette espèce de livre se tenait renfermé dans une armoire uniquement destinée à cet usage, le Prophète n'eut pas de peine à désigner le lieu dépositaire de la quittance.

Cette manière de répondre prouve assez que la Reine ne croyait point aux prophéties de Swedenborg. Elle l'appelait fou, visionnaire, ce qui est assez synonyme ; et quoiqu'elle lui reconnût des qualités, des lumières, ce n'était pas un homme qu'elle estimait. Si l'on résume ce que conta M. Beylon, et ce que la Reine a dit depuis, il n'est-pas difficile de conclure qu'elle aurait découvert ou fortement soupçonné la fraude. Cela ne fait pas une démonstration ; mais toute autre opinion est infiniment moins vraisemblable, et malheureusement c'est à quoi se réduisent nos connaissances historiques. Il suffit de prouver que les faits les plus généralement répandus chez les Illuminés ne soutiennent pas un moment le flambeau de la critique, et qu'on ne doit que le plus profond mépris à ces maladroites impostures ou à ces contes absurdes.

NOTE IX
C'est ce qui arriva à ces mêmes Pauliciens ; dont l'Impératrice Théodora fit égorger cent mille (page 59)

Théodora se résolut de procurer efficacement la conversion de ces Pauliciens, ou d'en délivrer l'Empire s'ils s'opposaient opiniâtrement à leur véritable bonheur. Il est vrai que ceux à qui elle en donna la commission, et des forces pour y travailler, en tirèrent avec trop de rigueur et de cruauté, parce qu'au lieu de s'appliquer d'abord à les ramener doucement et avec charité, à la connaissance de la vérité, ils se saisirent de ces misérables, qui étaient épars dans les villes et dans les bourgades, et l'on dit qu'ils en firent mourir prés de cent mille hommes dans toute l'Asie, par toutes sortes de supplices ; ce qui obligea tout le reste à s'aller rendre aux Sarrasins, qui surent bien s'en servir quelque temps après contre les Grecs. Mais l'Impératrice, qui n'eut pas de part à cette inhumanité de ses Lieutenant, ne tailla pas d'en tirer cet avantage que l'Empire du moins fut nettoyé de cette vermine durant son règne de quatorze ans La Reine n'eut pas de part, quelle insipide flatterie !

(Mainbourg, Histoire des Iconoclastes, livre VI, page 263, édition de Hollande.)

NOTE X

Elle a presque éteint le régime des Jésuites (page 40)

Bien des gens imaginent qu'ils existent encore sous des noms différents ; que la Russie en conserve la semence ; et que dans chaque pays il y a des hommes dépositaires des lois, des principes, des secrets de la Société de Jésus. Qu'est-ce qu'une Religion sans culte ? Comment des hommes ambitieux demeureraient-ils depuis vingt ans sous l'ombre, en attendant le moment incertain de la résurrection, et puis les temps de la vengeance ? Il est imprudent de tout nier ; mais aussi n'est-il pas injuste de tout croire ? Si les Jésuites subsistent encore, du moins n'est-ce pas d'une manière propre à alarmer les Souverains. Sans la bulle destructive de Ganganelli, peut-être les armerions-nous contre les Illuminés, comme Louis XIV et Madame de Maintenon les lancèrent contre les Jansénistes.

NOTE XI

S'il ne peut prévenir les effrayantes convulsions qui agitent les entrailles du globe, il en devine l'explosion (page 45)

Monsieur Dominique Salfano, Horloger et Mécanicien de la ville de Naples, a inventé un sismomètre.

C'est un pendule dont la verge est longue de huit pieds et demi de Roi, depuis le centre d'oscillation à celui de la lentille, qui est en forme de poids. Il est soutenu par une forte barre de fer enfoncée dans un mur principal.

Le poids est de trente six livres de plomb sous le laiton qui le couvre.

Au bout du poids est attaché un pinceau de miniature, qui teint de telle liqueur que ce soit, par exemple d'encre de la Chine, marque la direction des impulsions terrestres sur un papier posé sur la boussole placée horizontalement et réglé par l'aiguille.

Quatre ou cinq pouces au-dessus du poids est suspendue une cloche du diamètre de quatre pouces, et de la figure de celle des pendules horaires.

Aux quatre points cardinaux de la périphérie, restent pendants, à égales distances, quatre battants attachés par des fils à la barre qui soutient le pendule. Ces battants frappants sur la cloche, servent à avertir l'Observateur au moment des secousses.

Le premier essai de cette machine fut très imparfait ; le second acquit de la perfection ; le troisième, que nous venons de décrire, fut achevé dix jours après les premières nouvelles de la secousse du 5 février à midi et demi. Le pendule, jusqu'à présent, est resté immobile à tout autre ébranlement que ce soit, particulièrement à celui causé par le passage des voitures dans la rue très fréquentée de Maddalone au Jésus, et au coin de celle de la Cisterna d'ell'olio, où le respectable et modeste auteur travaille. C'est lui qui a ajusté dernièrement des pendules de Ramsden et y a ajouté du sien.

Le dernier tremblement qui renversa la Calabre, à la réserve de peu de jours, cette machine a été dans un mouvement continuel, tantôt plus, tantôt moins, et quelquefois dans une direction et quelquefois dans une autre. Ce qui a été remarquable plus particulièrement, est que les coups les plus forts revenaient depuis dix heures et demie, environ jusqu'à une heure et demie après midi. Mais les plus violents venaient à midi. Ils recommençaient ordinairement depuis cinq jusqu'à huit heures, et depuis dix heures et demie du soir jusqu'à une heure et demie après minuit, toujours avec la même gradation.

(Journal des Gens du Monde, tome 7, 1784.)

NOTE XII

Et c'est ce que nous venons de voir en Hollande (page 46)

Et sans doute pour verser moins de sang que dans le dernier pillage de la Hollande, les Prussiens avaient gagné, acheté, corrompu, comme on voudra, des régiments au service de ceux qui tenaient encore pour la Patrie. « Qui n'ont tourné leurs armes que contre les lâches Stipendiaires du Stathouder. » Ils ont résisté aux Prussiens entrés dans leurs pays contre la foi des traités, contre le droit des gens.... Ce sont eux qui ont ruiné, pillé et saccagé des maisons ; qui ont fait verser des larmes de sang à des épouses désolées ; qui ont fait des veuves, laissé des mères éplorées en emmenant leurs enfants, en violant leurs filles.

(Précis Historique sur la révolution qui vient de s'opérer en Hollande, pag. 26.)

NOTE XIII

Tel Épaminondas, un des plus grands Héros de la Grèce (page 48)

Voici maintenant à quoi se réduisait le prétendu secret qu'on révélait aux dévots. Le Hiérophante leur annonçait que ceux qui avaient d'abord été lavés dans les eaux de l'Ilisse et conduits enfin en procession au sanctuaire de Cérès habiteraient, après cette vie mortelle, des Bosquets fortunés au fond des Champs Élysées, et y jouiraient des plaisirs ineffables qui ne devaient plus avoir de fin ; tandis que tous les autres humains, c'est-à-dire ceux qui n'avaient pas été initiés, seraient plongés dans les bourbiers du Ténare, et tourmentés à jamais par les supplices toujours renaissants de l'enfer poétique.

On n'exceptait pas même du nombre de ces proscrits, le plus grand héros et l'homme le plus vertueux que la terre de la Grèce eût vu naître, c'est-à-dire Épaminondas qui n'avait jamais été initié et qui ne pouvait l'être selon les lois de son pays ; car les Thébains avaient, par un édit perpétuel et irrévocable, interdit tous les mystères nocturnes, et toutes les initiations nocturnes, quelque nom qu'on pût leur donner, et sous quelque prétexte qu'on cherchât à les introduire.

(Recherches sur les Grecs, par M. de Paw, page 211, tome II.)

NOTE XIV
Qu'était ce que Schrœpfer, le Dieu des Illuminés ? (page 51)

Monsieur,[8]

Je me flatte qu'un vieillard accablé de maladies et d'afflictions, paraîtra, excusable à vos yeux, s'il répond un peu tard à la lettre dont vous l'avez honoré, il y a près de trois mois. En réfléchissant sur la matière dont vous me parlez, et qui mérite, sans contredit, l'attention la plus sérieuse, j'ai cru devoir jeter un coup d'œil sur la façon dont on pense aujourd'hui. Le Pyrrhonisme, suivant lequel d'anciens philosophes ont cru que, pour trouver la vérité, il fallait commencer par douter, ce principe que la paresse ou la crainte semblaient avoir endormi dans les tièdes passés, s'est réveillé de nos jours, et encouragé par la liberté de penser et de dire tout ce que l'on pense, est, pour ainsi dire, devenu un principe général, au moyen duquel on se flatte de n'être plus, comme autrefois, la dupe des opinions vulgaires. Mais comme il arrive souvent que le remède qu'on emploie pour guérir un mal, eh produit un autre, ce même principe, qui doit servir à éloigner d'anciens préjugés, expose à en adopter de nouveaux. Le Sceptique, qui doute de tout, admet nécessairement la possibilité du vrai, aussi bien que du non vrai, et pendant qu'il doute de l'existence d'une chose, il doute aussi de sa non-existence ; de manière qu'il est également disposé à ne rien croire, et à croire trop. C'est alors que l'incrédulité devient la mire de la superstition, et que le ridicule trouve des défenseurs, ou du moins des adhérents. On voit des esprits forts se lever de table parce qu'ils s'y trouvent treize. J'ai vu le marquis d'Argens fort inquiet, à cause d'une salière renversée, croyant que cela lui portait malheur. Enfin, on a vu des

---

[8] Cette lettre, dont nous ne pouvons nommer l'Auteur Philosophe, est une pièce qui acquerrait un grand degré d'intérêt, s'il était permis de dire de quelle plume elle est sortie.

hommes supérieurs, de grands génies, des philosophes profonds, régler leurs démarches sur les prédictions d'un visionnaire, assister très dévotement aux assemblées d'un magicien, et se prêter aux artifices les plus grossiers d'un imposteur ; le tout, parce que celui qui dit, peut-être que cela n'est pas, dit suffi, il se pourrait que cela fût. Il ne faut donc pas s'étonner que, dans un siècle qui paire pour éclairé, on croie encore aux spectres et aux revenants. C'est avec raison que le sage doute, mais il ne s'en tient pas là : il examine, il pèse, il tâche de découvrir la vérité. Convaincu des bornes de son esprit, il n'entreprend jamais d'approfondir les mystères de la divinité, il respecte la vérité de l'Évangile, dont la doctrine pure et simple est si raisonnable, si consolante pour son cœur, si propre à le rendre meilleur, qu'il n'a garde de révoquer en doute cette source de sa félicité ; et il s'abstient d'en former sur des dogmes peu essentiels, dont l'explication téméraire ne servirait qu'à troubler son repos et celui d'autrui. Il ne soumet à ses recherches que les sujets qui en sont susceptibles, et dont le résultat peut être de quelque utilité. De ce nombre est, ce me semble, l'apparition des spectres, ou l'opinion qu'il arrive par fois que des esprits se font voir, revêtus, sans doute, d'un corps matériel, sans lequel ils ne seraient pas visibles. Je n'en conteste pas la possibilité, puisque je ne connais pas assez les propriétés de ces êtres incorporels, pour pouvoir juger s'ils ont ou s'ils n'ont pas la faculté de prendre un corps, soit aérien ou autre qui les rende perceptibles à nos yeux : je me contente d'examine les faits qu'on rapporte, et les témoins qui en déposent. Il n'est que trop probable que plusieurs de ces faits nous paraîtraient moins miraculeux, si nous connaissions mieux la nature, l'étendue de ses lois, et le secret de ses ressorts. Vous avez entendu parler du fameux Schrœpffer, qui, dans nos contrées et presque dans toute l'Allemagne, a tant fait de bruit. Ce cafetier, prétendu réformateur de l'Ordre des Francs-Maçons, vint à Dresde, où, au moyen de certains phénomènes, il fit tourner la tête à des Princes, à des ministres et à bien des personnes dont il avait l'adresse de fasciner les yeux, et qui lui attribuaient des dons extraordinaires de la divinité, pendant que le docteur Crusius, plus heureux dans l'explication de la métaphysique que dans celle de l'apocalypse, le prit pour un émissaire du Diable, qui, par sa magie, confondait l'esprit des humains. Il n'était cependant que bon physicien et trompeur hardi, qui, dans ses assemblées nocturnes, pour lesquelles il faisait de longs préparatifs, où il n'admettait que des élus et rassemblait force miroirs et lumières, fut produire de certaines formes que l'imagination des assistants, échauffée par le punch qu'on y buvait et par toutes fortes de simagrées religieuses, prirent pour des âmes évoquées de l'autre monde, dont il soutenait que tous les habitants étaient à ses ordres. J'ai parlé à quelqu'un qui, y étant présent, a eu le courage de passer le doigt par une de ces figures ou ombres. Il m'a dit qu'il sentit d'abord un grand coup électrique, mais l'ayant, quelque temps après, lorsqu'il suait et que sa main était humide, passé une seconde fois, le coup était bien moins fort ; ce qui semble prouver que l'électricité entrait dans ces opérations, et que ce n'était qu'une magie fort naturelle. Ledit Schrœpffer, après avoir excroqué bien de l'argent à ses sectateurs, alla à Leipsick, et s'y tua d'un coup de pistolet. Ce suicide, que ses amis regardaient comme une suite malheureuse de l'abus qu'il avait fait des dons que Dieu lui avait octroyés, fut, avec plus de raison, expliqué par d'autres comme l'effet du désespoir où l'avait mis la crainte que ses impostures ne fussent découvertes, attendu, que les sommes immenses qu'il assurait que les esprits apporteraient incessamment, n'arrivaient pas, et que dans un coffre qui selon lui, devait renfermer de grands trésors, et qu'un curieux avait eu l'audace d'ouvrir, il ne s'était trouvé que de veilles paperasses. Les hommes sont naturellement portés à croire au merveilleux et à le débiter, ce qui est la source de nombre d'exagérations et de mensonges. Par la même raison, on saisit avec empressement les circonstances qui frappent, sans faire attention à celles qui rendent la chose explicable. Les moins crédules ont rarement l'occasion de faire les recherches nécessaires ; quelquefois ils en sont même empêchés par des ordres supérieurs qui suppriment tout ce qui a rapport à une apparition qui pourrait alarmer les personnes dont on croit qu'elle menace les jours. La reine de Prusse vient de donner un pareil ordre, à l'occasion de la femme blanche, qu'elle, aussi bien que ses dames, croient avoir vue, et qui paraît, dit-on, toutes les fois que quelqu'un de la famille royale doit mourir. Tout Berlin s'occupe actuellement de cette femme blanche, dont on n'a jusqu'ici pu parvenir à découvrir la chaussure, ce qui et très important, vu qu'elle se présente en bottes pour annoncer la mort d'un prince, et en pantoufles pour celle d'une princesse. On a tiré son portrait du temps de Frédéric premier, et on trouve que sa physionomie n'est pas changée du tout, ce qui prouve que les femmes de là haut se conservent plus longtemps que celles d'ici bas. Je n'ai jamais vu de spectre, et j'avoue que tous ceux qui prétendent en avoir vu, ne m'ont pas paru des témoins irrécusables, sans compter qu'ils n'ont pas eu la hardiesse de toucher et de bien examiner l'objet qui se présentait à leurs yeux. On ne connait que trop les effets de l'imagination qui, quand elle s'échauffe, transporte pour ainsi dire aux sens extérieurs les objets qu'elle conçoit intérieurement, de manière que l'homme fait illusion à ses propres sens. Je soupçonne que le bon vieux Gleditich, à Berlin, a été dans ce cas, lorsqu'il a cru s'apercevoir à l'académie de la figure du défunt président. Il s'y trouva seul, passa dans une chambre attenante, et rentrant dans la salle, il n'y vit plus rien. Lorsqu'il revint au logis, il avoua à sa femme qu'il avait été saisi de frayeur, et par conséquent hors d'état de s'approcher du prétendu spectre, et de le bien examiner. Les enthousiastes, surtout, dans l'esprit desquels il y a plus de chaleur que de lumière, sont sujets à de pareilles visions. Il faudrait donc, pour constater la vérité d'une apparition, le témoignage de plusieurs personnes courageuses, bien organisées et véridiques, qui l'eussent toutes vu à la fois, et examiné de sang froid ; et j'avoue que jusqu'ici je ne sache aucun fait qui ait été prouvé de cette manière. Qu'il me soit donc permis, sans que je veuille, comme je lai dit, nier la possibilité de la chose, que j'ose douter de la vérité des histoires qu'on débite, jusqu'à ce que j'en sois convaincu par des preuves telles que je crois pouvoir les exiger, par les raisons ci-dessus alléguées. Je m'aperçois, trop tard, à la vérité, qu'au lieu d'une lettre j'ai fait une dissertation. Pardonnez, Monsieur, si ma prolixité vous a ennuyé ; la richesse de la matière m'a entraîné. Mes yeux sont si faibles, que je suis obligé de dicter ; je ne puis pas même relire ce qui a été écrit ; votre indulgence excusera les fautes.

J'ai l'honneur d'être avec une considération infinie ;
Monsieur, etc.

NOTE XV

L'Ordre des Chevaliers et frères Initiés de l'Asie (page 51)

Cet Ordre vient d'être connu tout nouvellement par deux petits ouvrages[9] : son origine paraît très moderne. Le premier qui en fit la découverte, suppose qu'il prit naissance à Vienne. Leur langage est hiéroglyphique thessalonique. Ce nouvel Ordre, si peu connu d'abord, s'est cependant déjà étendu depuis l'Italie jusqu'en Russie. Les hiéroglyphiques paraissent tous être pris de l'hébreu. La direction supérieure s'appelle le *petit et confiant Synédrion de l'Europe*. Les noms des Employés, par lesquels ils se dérobent à leurs inférieurs,[10] sont hébreux. Les marques du troisième grade principal sont *Lurim* et *Thumin*, qu'il faut porter attachées à la poitrine, desquelles l'ancien et véritable type original se conserve à Vienne. Cette dernière notion est surtout agréable dans ce moment où l'on a de nouveau disputé sur la véritable forme de ces ornements sacerdotaux. Voici encore quelques détails du premier livre, qui contient les lois, les statuts, etc. Déjà l'Ordre envoie voyager ses apôtres. L'habit consiste dans des haut-de-chauffes et vestes à l'espagnole ; le manteau est, d'après les différents degrés, noir, noir et blanc, pourpre.

Le triangle et la croix diffèrent également. On reçoit sans égard à la naissance et à la religion, chaque honnête homme qui croit en Dieu et le confesse publiquement. On exige seulement qu'il ait passé les trois premiers

---

[9] I. Nouvelles authentiques des Chevaliers et Frères Initiés de l'Asie, pour l'examen des Francs-Maçons.

II. Reçoit-on, peut-on recevoir des Juifs parmi les Francs-Maçons ? Occasionnés par l'ouvrage d'un Anonyme, pour l'examen des Francs-Maçons.
Nouvelles authentiques de l'Asie, par Frédéric de Bascamp, nommé *Lazapoloki*.

[10] Au surplus, il est ordonné que les mêmes noms restent dans l'Ordre ; « si un Frère meurt, son nom et sa place restent à celui qui le remplace ; ceci augmente l'impossibilité de connaître l'individu qui est caché sous telle dénomination ».

grades de la Franche-Maçonnerie dans une loge de S. Jean ou de Melchisédech. Il est connu que les Loges de S. Jean ne sont que pour les Chrétiens : celles de Melchisédech, toutes aussi bonnes et conformes à la loi, exilent, en grande quantité, en Italie, en Hollande, en Angleterre, en Portugal, en Espagne, et reçoivent des Juifs, des Turcs, des Perses et des Arméniens. Cet Ordre est pour toute l'Europe destinée au grand but de l'union. Les infirmes de nature, boiteux, borgnes ne peuvent, sans dispense, parvenir aux grades élevés (comme la prêtrise). L'Ordre a les véritables secrets et les éclaircissements moraux et physiques des hiéroglyphes du très vénérable Ordre de la Franche-Maçonnerie. ; Il y a cinq degrés de l'Ordre, sous les noms suivants : les *Chercheurs*, les *Souffrants*, ceux-ci ne sont que des degrés d'épreuves ; après viennent les trois principaux, *les Chevaliers et Frères Initiés de l'Asie* en Europe, les *Maîtres des sages*, les *Prêtres royaux*, ou véritables Frères Rose-croix, ou le grade de Melchisédech.

Quand l'on est parvenu au degré principal, on est obligé, par son serment, *de rester et de vivre dans l'Ordre, d'après les lois*. Le Synédrion consiste en soixante et douze membres. Le nombre du troisième degré principal est aussi fixé à soixante de douze. Mais le Synédrion a aussi des détachements, l'un de trois, l'autre de cinq, un de sept et un autre de neuf. On paye à la réception deux ducats et une contribution d'un florin par mois. La lettre de constitution pour la maîtrise coûté sept ducats. Pour une maîtrise supérieure, douze ducats. Pour un chapitre provincial, vingt-cinq ; et pour un chapitre général, cinquante ducats. Le plus essentiel, ce sont les points de soumission qu'un Frère Initié doit signer envers le Synédrion.

Les titres de ce dernier sont :

Les Supérieurs en dignité, mérite et sagesse, Pères et Frères des sept Églises inconnues de l'Asie, pourvu que les Pères même ne soient pas inconnus.

L'Initié promet une parfaite soumission et une véritable et inaliénable obéissance aux lois de l'Ordre, Comme tous les mystères de l'Ordre sont une véritable lumière, il promet de les suivre fidèlement, à eux qui ne lui sont pas encore connus, jusqu'à la fin de sa vie, sans jamais demander qui les lui a donnés,[11] d'où ils sont venus, d'où, ils viennent effectivement, d'où ils, viendront à l'avenir ; car quiconque voit la clarté de la lumière, ne doit pas s'inquiéter d'où elle tire son principe. Il promet de ne persécuter aucune des différentes branches de la Franche-Maçonnerie, mais d'aimer et d'honorer tous les Frères des différents systèmes, et de leur faire du bien à tous, quelque différents qu'ils soient. Ceci marque le grand but de l'union. On doit tolérer aussi les différentes sectes, qui pourtant entre elles se traitent d'hérétiques, et pourraient être diffamées et persécutées. Il déclare plus loin que de toutes ses forces il protégera, et travaillera avec autant d'activité que d'honnêteté, à l'agrandissement du très vénérable Ordre des Chevaliers et Frères Initiés de l'Asie, d'en soutenir les membres étudiés. Il promet encore d'instruire sans délai, avec vérité et honnêteté, le vénérable Ordre, le très respectable petit constant Synédrion, le Chapitre général de l'Ordre, le Chapitre de sa province. Les Grands Maîtres destinés au grand but de l'union, restent *maîtres* et sont sûrs de leurs secrets, qui ont directement rapport à leur Ordre. Ceci est un point remarquable. Ainsi, il existe pourtant encore des secrets dont les chefs qui possèdent tous les véritables mystères (comme il est dit plus haut) ; ne savent rien ; et que chaque Frère qui en apprend quelque chose, est forcé de leur rapporter. De cette manière, ils pourront peut-être soutenir avec commodité leurs titres de *préposés les plus hauts et supérieurs en sagesse*, car ils apprendront bien à peu près tout ce qui parviendra à leur connaissance. Comment un bon Frère scrupuleux ne préférera-t-il pas de faire trop plutôt que trop peu ? Il a donc été obligé de promettre de dénoncer tout ce qui pourrait avoir rapport avec l'Ordre, mais qui, dans l'enchaînement des choses, peut toujours prévoir si un événement un peu remarquable n'aura pas d'influence sur une autre chose remarquable et sacrée. Pour cela, il faut que les

---

[11] Qui a donné à l'Ordre ces (soi-disant) secrets ? Voilà la grande et captieuse question pour les Sociétés secrètes.

Mais aussi l'Initié qui reste et qui doit rester éternellement dans l'Ordre ne l'apprend jamais. Il n'ose pas seulement le demander ; il faut qu'il promette de ne le jamais demander. De cette manière, ceux qui font participer aux secrets de l'Ordre demeurent maîtres.

notions soient données sans délai ; et comme il n'y a pas assez de temps pour réfléchir, on prend le parti le plus sûr, et l'on demande au sage possesseur des véritables mystères tout ce qui peut y avoir le rapport le plus éloigné, Oh, que de jongleries !

Outre ce premier ouvrage que nous venons de citer, qui, comme l'on voit, contient des dépositions et des faits, de même qu'une préface remarquable, il en paraît un second, écrit avec beaucoup de véhémence, où l'on ne nie pas l'authenticité des actes rapportés, mais seulement on se moque de la publicité, qui pourtant est si utile ; et à la page 14, on donne, d'après des suppositions, un plan du système des Initiés, ce qui, sans doute, comme l'affirme cet auteur, doit faire que ce système est plus approuvé que blâmé, Cet écrit ne contient que deux points remarquables. Sans doute les Juifs peuvent être reçus parmi les Francs-Maçons, (ce que nie l'autre Anonyme en citant les Loges de Melchisédech) pour preuve, on dit que le Juif de Hambourg, David-Moïse Hertz, a été reçu à la Loge de Calcédonie à Londres ; ce que l'on a prouvé par un témoignage de la grande Loge Anglaise, du 26 Juillet 1787. Il dit aussi qu'il n'y a que le premier article de l'ancien livre de constitution, composé par ordre du Frère Duc de Montague, par le Frère Jacob Anderson, et imprimé à Londres en 1722, qui demande qu'un Franc-Maçon ne connaisse les trois grands articles de Noé, à quoi on ajoute expressément qu'il n'est pas nécessaire de professer la Religion Chrétienne. Cet auteur dit encore, que ce ne sont pas seulement les Loges constituées de l'Angleterre qui soient conformes à la loi. L'autre Anonyme avait trouvé parmi les papiers qui concernent l'Ordre des Initiés de l'Asie, l'adresse de M. *le baron Ecker de Eckhof à Schleswig*. Son adversaire assure très bien connaître M. le Baron et son frère ne nie point ses relations avec l'Ordre des Initiée ; mais donne seulement, en faisant beaucoup d'éloges, quelques nouvelles d'eux aux deux frères. L'aîné de ces Meilleurs s'appelle Jean-Henry, Baron Ecker de Eckosen ; il est Conseiller Privé de *Hohenlohe Weldburg* ; il a vécu longtemps à Vienne ; il vit depuis peu à Schleswig. Le cadet, Jean-Charles, Baron Ecker de Eckosen, est de la même Cour Conseiller Intime de Légation et chargé d'affaires. Depuis dix ans, il vit à

Hambourg. L'Auteur les défend vaguement contre certains traits qui doivent avoir couru parmi les Francs-Maçons, principalement contre l'aîné. Certaines liaisons dans lesquelles ils sont entrés paraissent en être le sujet. Dans la justification, ce trait me paraît remarquable (page 64) ; jamais on ne fit un crime au Maçon de chercher la vérité où il crut la trouver et quand il fit agir la vérité reconnue où il put. Les deux Meilleurs sont Grand Croix, (le cadet aussi Chancelier) de l'Ordre temporel de la Fondation des Chevaliers de la plus haute ou divine Providence ; comme depuis peu on a parlé de cet Ordre dans plusieurs écrits, j'en citerai quelques points.

Cet Ordre s'appelle depuis quelques années (du moins depuis 1786) l'*Ordre de Saint-Joachim*. Il n'y a peut-être que quelques Lecteurs qui connaissent une relation imprimée de cet Ordre, des extraits de ses statuts consignés dans le Journal Éclectique (Lubeck gr. 8,) second cahier 1785, à la page et suivante. Selon ces notices, l'Ordre a été établi à Leutméris en Bohème en 1756. À la page, on trouve les cérémonies de la réception. La procession va à la chapelle de l'Ordre, le Candidat reste à la sacristie ; les Chevaliers entrent dans la chapelle, ou l'Ecclésiastique tient un discours. Après cela on introduit le Candidat, et on lui demande si c'est encore sa libre volonté, et si il veut sérieusement entrer dans l'Ordre ; après l'avoir affirmé, on l'exhorte à réfléchir mûrement, et on le reconduit. Ramené après cela, questionné encore et reçu après, il fait serment et reçoit l'habit de l'Ordre ; à la fin on chante le *Te Deum*. Page 10, on dit :

« Les Membres Protestants de l'Ordre doivent sortir de la chapelle jusqu'à ce qu'on commence le *Te Deum*. Ainsi, à juger d'après ces paroles, ils n'osent pas se trouver présents pendant que le Grand-Maître exhorte le Candidat, ni quand celui-ci fait ses protestations et ses serments sur ses obligations à remplir. Cette différence est bien forte pour un Ordre qui consiste dans des membres des deux Religions.

Un Ordre sans nom ou cérémonies, duquel on paraît se servir de l'Harmonica. La chose est singulière, et les détails si intéressants, que mes

Lecteurs les verront avec plaisir extraits d'une petite brochure. M. Rollig[12] vient de faire imprimer à Berlin un fragment sur l'Harmonica, dans lequel aussi se trouvent des lettres antérieures écrites depuis plusieurs années. Les deux premières sont datées de Vienne. En voici une très remarquable.

« Vous m'avez procuré, par votre recommandation à M. N. Z. une connaissance très intéressante ; il parut déjà être averti de mon arrivée ou par vous ou par un autre. L'Harmonica eut toute son approbation. Il me parla de certains Essais particuliers, dont je ne compris rien. Ce n'est que depuis hier que bien des choses me sont devenues compréhensibles ; et je ne doute plus de la raison qui me fit si bien recevoir. Hier vers le soir, il me mena à sa campagne, dont l'arrangement, surtout celui du jardin, est extrêmement beau. Des temples, des grottes, des cascades, des labyrinthes, des souterrains, procurent à l'œil tant de diversités, qu'on en est enchanté. Un mur très élevé qui entoure tout ceci, me déplut uniquement. Il dérobe à l'œil une vue enchanteresse. J'avais été obligé de prendre l'Harmonica avec moi, et de promettre à M. N. Z. de jouer seulement quelques minutes dans un endroit marqué dès qu'il me ferait signe. Pour attendre cet instant, il me mena, après m'avoir tout montré, dans une chambre sur le devant de la maison ; il me quittait me disant que les arrangements d'un bal et d'une illumination exigent nécessairement sa présence. Il était déjà tard, et le sommeil paraissait vouloir me surprendre, quand je fus interrompu par l'arrivée de quelques carrosses. J'ouvris la fenêtre, mais je ne distinguai rien ; je compris moins encore le chuchotage bas et mystérieux des arrivés. Peu après le sommeil s'empara effectivement de moi ; et après avoir dormi à peu près une heure, un Domestique vint m'éveiller, qui s'offrit de porter mon instrument, et me pria de le suivre. Comme le Domestique courut beaucoup et que je marchais lentement, il s'ensuivit que j'eus le temps (la curiosité me pressant) de suivre

---

[12] Que l'on voie une description préférable de son Harmonica dans le Journal, 1787 février, page 175.

les sons lourds des trompettes, qui me parurent sortir de là profondeur d'une cave.

Représentez-vous ma surprise ? quand ayant descendu la moitié de l'escalier, je vis un caveau dans lequel on mit, pendant qu'on faisait une musique de deuil, un cadavre dans un cercueil ; à côté il y avait un homme tout habillé de blanc, mais tout rempli de sang, auquel on ferma une veine au bras ; excepté les personnes qui prêtèrent du secours, les autres étaient toutes enveloppée de longs manteaux noirs et avec l'épée nue. À l'entrée du caveau, je vis des monceaux de squelettes d'hommes entassés, les uns sur les autres, et l'illumination se fit par des lumières dont la flamme ressemble à l'esprit-de-vin brillant, ce qui augmente l'horreur de cet endroit effrayant. Pour ne pas perdre mon Conducteur, je me hâtai de retourner. Je le trouvai qui précisément rentra par la porte du jardin, quand j'y arrivai. Il me prit précipitamment par la main, et m'entraîna avec lui. Jamais je ne vis rien qui me rappelât les fables d'un monde chimérique, comme mon entrée au jardin. Partout se répandit une clarté, des lampions sans nombre, le murmure des cascades éloignées, le chant des rossignols artificiels, l'air embaumé que je respirais, quels prestiges ! et que fallait-il de plus pour me croire transporté dans ces régions enchantées ! On m'assigna une place derrière un cabinet de verdure, dont l'intérieur était divinement paré, dans lequel on transporta peu après quelqu'un évanoui,[13] et tout de suite on me fit signe de jouer. Comme j'étais alors plus occupé de penser à moi qu'aux autres, beaucoup de choses se perdirent pour moi, je pus cependant observer que l'homme évanoui revint à lui, après que j'eus joué environ une minute, et qu'il demanda, avec une extrême surprise ; où suis-je ? Quelle voix entends-je ? Des jubilations d'allégresse, accompagnées de trompettes et de timbales, étaient la réponse ; on courut aux armes, et l'on s'enfonça dans l'intérieur du jardin, où tout le monde fut perdu pour moi.

---

[13] Vraisemblablement celui qu'on avait saigné dans le caveau, je ne puis cependant pas l'assurer. Les habillements étaient superbes et agréables, pour la forme et la couleur. Je ne pue rien reconnaître.

Je vous écris ceci après un sommeil court et interrompu. Si je n'avais pas pris la précaution de noter cette scène dans mes tablettes hier avant de me coucher, je prendrais le tout pour un songe aujourd'hui. Adieu. »

Où est l'homme ferme et inébranlable, qui, après de longs préparatifs, une longue attente, une imagination exaltée, puisse rester de sang froid devant de telles scènes, et qui ne voie point dans un moment où la réflexion doit nécessairement le quitter, tout ce que ses maîtres, en l'initiant, voudront lui faire voir et entendre, que ce soient les génies du ciel ou de l'enfer.

Sans m'étendre davantage là dessus, je citerai encore un *Ordre* ou une Œuvre magique et citation d'esprit, où l'on se servit de l'Harmonica comme à Vienne.

Quand on fit, il y a trois ans, dans le Journal de Merlin, mention de la force que cet instrument enchanteur avait sur l'imagination à l'occasion de Mesmer qui s'en servait pour agir plus fortement sur ses Convulsionnaires, on a parlé de cela superficiellement.[14] Car depuis longtemps le protocole de Lavater et l'estampe étaient connus ici. Mais quoique Lavater pense assez mal des Berlinois, ils n'ont pas voulu publier ces papiers ; ils ne lui faisaient aucunement honneur ; lui seul et ses fideles amis les ont fait circuler. Ils sont imprimés maintenant pour être connus, jugés par un chacun ; mais non à Berlin. Je ferai seulement encore mention de quelques paroles de M. Rœllig, prises, de l'ouvrage que nous avons cité, page 17. « Ce que l'Harmonica peut devenir entre les mains de la fourberie et du fanatisme, je n'ai pas besoin de le dire. On a déjà commencé à en faire usage. L'Allemagne le fait. Cette gravure, remplie de caractères mystiques, de chiffres, de barbarismes, avait le nom d'une chimère fantastique, l'Harmonica. En veut-on d'autres preuves ? qu'on demande l'histoire de notre temps ; elle parle bien haut de choses que je trouve prudent de taire. L'histoire est telle qu'elle suit. Le Comte F. de Th. à V.

---

[14] 1785, janvier, page 21, où l'on dit dans la note : Plusieurs Lecteurs se rappelleront peut-être à cette occasion d'avoir eu une fameuse estampe magique de l'Allemagne méridionale, sur laquelle se trouve l'Harmonica. Protocole de Lavater sur le *Spiritus Familiaris Goblidone*, avec des pièces ajoutées et une estampe. Francfort et Leipz, 1787, six feuilles, grand in-8°.

connu comme un des plus aimables Seigneurs du plus noble et du meilleur caractère, qui n'a contre lui que trop de penchant aux choses mystiques et secrètes, parut à certaines personnes actives, tant à cause de sa naissance que de sa façon de penser et de ses liaisons, un sujet d'assez grande conséquence pour s'empresser autour de lui et mettre à profit son penchant à la mysticité. On employa pour cet effet, comme on a coutume de le faire en pareil cas, un Aventurier très ordinaire. Jadis il avait été Joueur de gobelets ; alors il portait sur lui un talisman d'étain. Le Comte même le reconnut pour un ignorant et un mauvais sujet. On le fit passer pour l'Organe d'un esprit ; il fut très calmé malgré son incapacité et sa bassesse. Il entendit l'esprit Gablidone, qui parla par lui cet lui disait ce qu'il devait répondre. Il était depuis longues années dans d'étroites connexions avec lui. Il avait (depuis son *Arca*) une espèce de connaissance intuitive de ses formes, et pouvait en outre s'apercevoir quand l'esprit baisait l'écriture magique du nom de Jésus. (Comme il fit souvent.) Cet Imposteur, qui parlait toujours de chiffres, fut appelé le Calculateur.

Gablidone était l'âme d'un Cabaliste Juif, mort encore avant la naissance de Jésus-Christ, qui avait été persécuté de son père, à cause de ses occupations magiques, et qui, dans un transport de colère, avait levé le glaive magique[15] sur lui. C'est pour expier ce crime que le pauvre Gablidone (comme il se nomme lui-même) est obligé d'être au service de huit calculateurs, pendant beaucoup de siècles, et de répondre à toutes leurs questions. Il existe sept de ces esprits serviables. L'un à servi Mahomet, sous la figure d'une colombe ; l'autre est attaché à l'oracle de Delphes. Le Roi de Prusse, Frédéric II, doit aussi avoir eu un de ces calculateurs, qui, pendant la guerre de sept ans lui a rendu de grands services. Les esprits lui ont été très attachés dans les commencements ; mais le quittèrent ensuite à cause de son incrédulité. Ce pauvre Gablidone donna

---

[15] Ce glaive, dit-on, tue dès qu'on l'élève contre quelqu'un, sans toucher l'homme ; l'estampe le représente appuyé contre l'Harmonica, et marqué du chiffre 45. Ce chiffe paraît souvent sur la planche, et s'explique, comme l'on fait, d'une manière très remarquable. Ce glaive serait donc très redoutable dans la main de ce nombre. Tout près il y a le psaume 178, verset 7 : Le Seigneur est avec moi pour me soutenir, et je verrai ma joie aux ennemis.

ainsi, par la bouche des calculateurs, des leçons suivies au Comte et à ses amis, à l'un pendant douze, à l'autre pendant dix ans. Ces leçons étaient toujours accompagnées de beaucoup de cérémonies, de même que d'agenouillements, prières, récitation de psaumes ; ici, l'on eut des révélations très intéressantes, P. Ex. où étaient restées les choses perdues[16] ; quel était l'état des morts. Quelques-uns se croient entre deux rochers ; et s'imaginent que ces rochers s'avançant toujours, les réduiront à l'épaisseur d'une feuille de papier. L'Empereur François a été chargé, sans qu'il se souvienne de sa dignité ; de l'inspection de toutes ses coquilles d'escargot, depuis le nord jusqu'au sud, dont il s'acquitte avec toute la dextérité possible. L'esprit leur envoya encore trois particules véritables de la croix de Jésus-Christ, qui avaient la vertu de faire disparaitre et perdre bientôt, dès qu'ils y touchaient, tout bois de crucifix substitué. Il fit aussi présent, au Comte, d'une serviette sale, dans laquelle il y avait la marque de la main brûlée d'une substance invisible. Il leur découvrit que les véritables noms des Mages, qui vinrent à la crèche de notre Seigneur, n'étaient pas comme l'église avoir cru jusqu'ici, Gaspar, Melchior, Balthazar ; mais Vrasapharmion, Melchisédech, Baleatsirasaron, L'esprit de Gablidone accorda encore deux grandes faveurs aux deux amis ; l'une était son propre portrait ; l'autre de les recevoir dans l'ordre des Mages. Pour ces deux choses, beaucoup de préparatifs étaient nécessaires. Pour, la peinture, il fallut mettre du papier, des couleurs, des pinceaux derrière un écran. Ceux qui étaient dans l'attente, prièrent Dieu, commencèrent à chanter, au son de la cloche, qui donne le signal pour la prière, le cinquante septième psaume de pénitence ; la conjuration se fit, et ils entendirent, derrière l'écran, un petit bruit, crurent voir l'ombre d'une petite main ; quand tout fut tranquille ils approchèrent et trouvèrent un portrait sale, mal peint, (peut-être vieux et mis là furtivement)

---

[16] Il refusa l'explication sur les affaires volées ; car, disait cet esprit d'un Juif, il ne convient pas au Chrétien de faire des recherches sur les voleurs. Ce qui pourrait le mettre dans la tentation ou de s'en venger ; ou de demander la restitution de ce qui a été pris.

semblable à celui d'un prêtre catholique.[17] : Il fallut bien plus de préparatifs pour la réception, et si quelque chose avait été néglige, il fallait recommencer tout de nouveau. On aurait de la peine à croire combien, pendant les opérations, une force magique affaiblit la mémoire, (on aurait dû croire qu'elle serait plutôt fortifiée) ; il reçut des confessions, des listes de péchés, chacune était écrite sur un papier différent ; des prières, des psaumes devaient précéder. À la fin parut une boule creuse, faite d'os, dans laquelle se trouvèrent les marques de l'Ordre, qu'on était obligé de porter sur la poitrine nue. Les voilà donc arrivés au plus haut degré de la magie ; ils n'étaient plus étrangers ou témoins, mais des citoyens. Le calculateur était obligé de céder au Comte, son talisman d'étain. Hélas ! tout n'était cependant pas fait Ordinairement dans ces choses là, quand on croit être tout prêt, le dernier point important vous manque. Il ne fallait plus qu'une instruction de magie pour parvenir à la dignité de maître, ou de calculateur. Le Jongleur était mort depuis douze ans seulement, mais pourtant trop tôt ; à présent il faut obtenir les leçons qui manquent, d'un autre Mage appelé Masson ; mais hélas ! depuis longtemps on cherche ce Masson sans pouvoir le trouver. Ne croit-on pas lire une fable du Comte de Gabalis. Eh bien ! voilà les choses qu'on adopte avec avidité, de nos jours, qu'on traite de saintes. Quiconque n'étouffe pas ces folies dans leur principe, sera indubitablement entraîné jusqu'à la fin. Aussi n'est-ce que la première résistance d'une raison saine, qu'on se propose d'avancer en éclairant ce monde, tandis qu'une philosophie, aussi paradoxale que la moderne, se cache sous l'enthousiasme, pour induire l'esprit à chercher les grands génies sous le charlatanisme, et la profonde sagesse dans des absurdités. C'est de cette manière que Schœffer et Lavater font un tort infini. Quand le bon, l'aimable Comte de Th. demande au dernier, des éclaircissements, sur la sainte cabale, ou véritable magie, bien loin de se donner la peine de lui démontrer la folie de telles sciences, la fourberie des Instituteurs, et le danger de se mettre en liaison

---

[17] Un habit noir, avec une fraise blanche, tombant sur les épaules, une figure de Visionnaire, une calotte noire sur le sommet de la tête.

avec eux ; il écoute avec avidité les absurdités qu'on veut lui raconter de Gablidone et de Masson, en fait un protocole et l'envoie à ses Partisans,[18] sans ajouter un mot d'exhortation contre cette superstition magique. Il contemple et dépeint la petite image qu'on lui a portée à Zurich, que le soi-disant esprit devait avoir peinte ; il dit dans son protocole (page 51) que le dessin en est tout autre que ne l'aurait fait un homme ordinaire qui eût été Peintre.

Pour montrer toute la folie que cette magie enseigne, je copierai quelques morceaux des papiers que l'esprit a dictés. « Page 66, au second degré sont les hommes qui n'offensent jamais leur créature ni dans sa majesté, ni dans sa divinité. Pour que tu sois informé de ces mots principaux, saches que la majesté, est quand les trois sources parfaitement magiques, sans commencement et sans fin, sont réunies dans un être, et ne font plus qu'un corps de la visible et invisible substance. Si un humain offense avec dessein le père, avec sa volonté le fils, et par l'exécution le saint esprit, alors il pèche contre la majesté réunie ; il est perdu, parce qu'aucune partie ne reste inviolée. Vous nommez de pareilles infractions des péchés mortels ; à parler vulgairement, cela peut passer. Quiconque voit ce que veut dire un péché mortel, dira qu'il a péché contre la majesté ; mais il n'y a que ceux qui sont initiés dans les études secrètes, et qui jamais ne donnent à aucun souverain du monde, le titre de majesté, car le nom vient d'une parole divine de *Mage*. Mon Roi Frédéric le sait bien, lui qui n'est guéri que par ces hommes adonnés aux choses surnaturelles. Reçoit-il une supplique avec ses autres titres, sans celui de majesté ? Le suppliant est d'abord introduit ; car il aperçoit par, là qu'il a reçu des instructions magiques. En second lieu, ce que vous appelez un péché véniel, je le nomme une violation de la divinité. Alors chaque source est isolée et n'a de communication que par de très minces veines, de manière que quand on jette un péché dans la source, la source du saint esprit ne s'en ressent pas. La source du fils est du sang, et elle soulage tout. L'homme reçoit la grâce et

---

[18] Peut-être si c'est Pseuniger qui l'a copié et fait circuler, on voit bien que cela revient au même. Lavater l'écrivit en 1781.

secours, le rédempteur a fait ce qu'il devait. Cet abrégé peut l'instruire à mettre la différence entre ces deux mots principaux dans la nécessité.

Peut-être que M. Schloffer, d'après sa nouvelle manière, découvrira aussi un trésor de sagesse, comme il l'a trouvé dans les Œuvres de Swedenborg. Le Lecteur peut en chercher la preuve dans le Journal de Berlin. Jan. p. 33 ; il ajoute encore, Swedenborg ne paraît sans doute qu'un grossier visionnaire,[19] si l'on explique ses ouvrages littéralement.

Il me paraît encore digne d'être remarqué :

Que Gablidone, tout comme Swedenborg, prédit une révolution religieuse et physique, pag. 57. dans l'année 1800, « il se fera, sur notre globe, une révolution très remarquable, et il n'y aura plus d'autre religion que celle des patriarches. »

2°, Qu'il parle (page 64) d'une majesté, *Tétragrammatique* à la contemplation de laquelle parviendra l'être élevé au premier degré de béatitude ; qu'il expliqua à Cagliostro, Hagion, Melion, Tétragrammaton, comme trois paroles saintes et arabes.

3°. Qu'il fait la description de l'apparition du Seigneur sur la quatrième marche de l'autel, pag, 34. Son corps est ceint au milieu d'un triangle ; son éclat est d'une beauté inexprimable. L'angle conserve sa rougeur, sa sentence est courte, elle dit : *Venite ad patres Osphal.* ainsi encore des pères auxquels le Seigneur invite Mais qui sont donc ces pères ? Osphal ?

N. B, Il a fallu traduire cet article littéralement. Sans cela le Lecteur n'aurait pas bien saisi cet excès de déraison.

NOTE XVI
Il n'y en a pas un sur mille qui soit instruit (page 85)

Supposons une ville habitée par cent mille personnes, Il n'y en a seulement pas mille qui lisent, moins encore y en a-t-il cinq cents qui aient l'esprit cultivé. Allez aux Académies, aux Bibliothèques, voyez le petit nombre

---

[19] Dans le Muséum Allemand, janvier 1788 p. 57.

d'Amateurs. Examinez combien peu de, gens aux Théâtres savent ce qu'on y dit. Les Savants se comptent sans peine ; en a pas six cents à Londres ou à Paris ; à plus forte raison cent dans la ville prise pour exemple.

NOTE XVII
Peut-être encore moins qu'on ne croit (page 86)

Extrait d'une Lettre de M. l'Abbé Grandidier, à Madame de ***, sur l'Origine des Francs-Maçons

Vous connaissez, sans doute, Madame, cette société que l'Angleterre nous a transmise, et qui porte le nom de Francs-Maçons. Ses membres, répandu dans toute l'Europe, s'y sont multipliés, et beaucoup plus peut-être que ne le demandaient l'honneur, l'intérêt de cette société. Je n'en ferai ici, Madame, ni l'éloge, ni la satire. Je ne rechercherai pas même les motifs du secret inviolable qu'elle exige, et du serment particulier qu'elle y attache : je ne suis pas initié dans ses mystères, et je me trouve indigne de *voir la lumière* ; j'ignore ,si tout est tranquille, *comme dans la vallée de Josaphat, où jamais femme babillé* : le beau sexe doit se plaindre des lois rigoureuses, qui l'excluent *de voir le soleil et la lune et le Grand Maître de la Loge* ; c'est une nouvelle injure que les hommes lui ont faite, en le croyant peu capable de conserver un secret, mais ils ont plus perdu que les femmes ; ils se sont privés de ces plaisirs innocents, qui font l'agrément des sociétés par la douceur et les talents d'un sexe aimable. C'est chez vous ; Madame, qu'on en devait chercher le modèle.

J'avouerai encore que l'instituteur de la société franc maçonne n'a pas été un Français ; elle devait répugner, à son cœur et à son caractère, Je n'en chercherai pas non plus l'origine dans la construction de l'arche de Noé, qui fut, dit-on, un *Maçon très vénérable* ; ou dans celle du temple de Salomon, qui passe pour le plus excellent Maçon. Je me garderai bien de fouiller dans l'histoire des croisades, pour y découvrir les premiers Maçons dans ces Barons croisés, qu'on suppose s'être dévoués *à l'art divin, à l'art royal* de la réédification du temple, ou dans ces anciens militaires de la Judée, qu'on prétend avoir été nommés Chevaliers de l'aurore et de la Palestine.[20] Ces ridicules opinions, que les Francs-Maçons n'osent même présenter que sous le voile de l'allégorie, ne méritent pas d'être révélées par un profane. J'ose me flatter, Madame, de vous présenter une origine bien plus vraisemblable ; elle ne se trouve, *ni à l'orient ni à l'occident... la Loge, est bien, couverte*, ainsi ce n'est pas elle qui men fournira les preuves. Je n'ai pas eu le bonheur de travailler *du lundi au matin jusqu'au samedi au soir* ; mais j'ai entre maies mains profanes des pièces authentiques, des actes véritables ; qui datent de plus de trois siècles, qui font voir que cette société tant vantée des Francs-Maçons, n'est qu'une imitation servile d'une ancienne et utile confrérie de vrais Maçons, dont le chef-lieu fut autrefois Strasbourg. La plupart des personnes de cette ville ignore dette anecdote ; nos Loges Strasbourgeoises ne seront pas fâchées de la connaître.

L'Église Cathédrale de Strasbourg, et surtout sa tour commencée en 1277, Par l'Architecte Ervin de Steinbach, est un des chefs-d'œuvre de l'architecture. Gothique. Cet édifice, dans son total et dans ses parties, est un ouvrage parfait, et digne d'admiration, qui ne trouve pas même son pareil dans l'univers. Ses fondements ont été si solidement jetés, que, quoique percé à jour ; il a résisté jusqu'ici aux orages et aux tremblements de terre. Ce travail prodigieux porta au loin la réputation des Maçons de Strasbourg. Le duc Milan écrivit, en 1479, une lettre au Magistrat de cette ville, par laquelle il lui demandait une personne capable de diriger la construction de l'Église superbe qu'il désirait élever dans sa Capitale.[21] Vienne, Cologne, Zurich, Fribourg firent construire des tours à l'imitation, de celle de Strasbourg, qui ne fut achevée qu'au mois de Juin 1439 ; mais elles ne l'égalèrent ni en hauteur, ni en beauté, ni en délicatesse. Les Maçons de ces de ces différentes fabriques ; et leurs élèves qui se répandirent dans toute l'Allemagne, formèrent, pour se distinguer du commun de la gente maçonne, des associations auxquelles ils donnèrent le

---

[20] L'Auteur d'un livre imprimé en 1766, et intitulé l'Étroite ; Flamboyante, tom, I, pag, 41, 53, paraît adopter ce dernier sentiment.

[21] Je possède la copie de cette Lettre en Italien.

nom allemand de *hütten*, qui en français signifie loges ; mais elles s'accordèrent toutes à reconnaître la supériorité de celle de Strasbourg, qui fut nommée *haupthütte*, ou grande Loge.[22]

On conçut dès lors le projet de former de ces différentes associations une seule société pour totale l'Allemagne ; mais elle ne prit une consistance solide que vingt ans après l'entière construction de la tour de Strasbourg.

Les différents Maître des Loges particulières s'assemblèrent à Ratisbonne, où ils dressèrent, le 25 avril 1459, l'acte de confraternité, qui établissait le Chef de la Cathédrale de Strasbourg, et ses Successeurs, pour Grand Maître unique et perpétuel de la confrérie générale des Maçons libres de l'Allemagne. L'Empereur Maximilien confirma cet établissement par son diplôme donné à Strasbourg en 1498 ; Charles Quint, Ferdinand, et leurs successeurs le renouvelèrent.

Cette société, composée de maître, compagnons et apprentis, formait une juridiction particulière : la société de Strasbourg embrassait toutes celles de l'Allemagne. Elle tenait son tribunal dans la Loge, et jugeait sans appel toutes les causes qui lui étaient portées, selon les règles et les statuts de la confrérie. Ces statuts furent renouvelés et imprimés en 1563. Les Loges des Maçons de Souabe, de Hesse, de Bavière, de Franconic, de Saxe, de Turinge, et des pays situés le long de la Moselle, reconnaissaient l'autorité de la grande Loge de Strasbourg. Dans le siècle même où nous vivons, les maîtres de la fabrique de Strasbourg condamnèrent à une amende les Loges de Dresde et de Nuremberg ; et cette amende fut payée. La grande Loge de Vienne, dont relevaient les Loges de la Hongrie et de la Styrie, la grande Loge de Zurich, qui avait dans son ressort toutes celles de la Suisse, avaient recours à la Loge de Strasbourg, dans les cas graves et douteux.

Tous les membres de cette société n'avaient aucune communication avec les autres Maçons, qui ne savaient employer, que le mortier et la truelle. Ils adoptèrent pour marques caractéristiques tout ce qui pouvait se rapporter à

---

[22] Vieux registre de la tribu des Maçons lie Strasbourg.

leur métier, qu'ils regardaient comme un art bien supérieur à celui des simples Maçons. L'équerre, le niveau et le compas devinrent leurs attributs. Résolus de faire un corps à part dans la foule des ouvriers, ils imaginèrent entre eux des mots de ralliement, des attouchements pour se reconnaître, et des signes pour se distinguer : ils nommaient cela le signe des mots, *das vortzeichen le salut der gruss*. Les apprentis, les compagnons, et les maîtres étaient reçus dans des cérémonies auxquelles ils faisaient présider le secret. Ils prirent pour devise la liberté, et en abusèrent même quelquefois pour se refuser à l'autorité légitime des Magistrats.

Vous croiriez reconnaître, Madame, à ces traits, les Francs-Maçons modernes. En effet, l'analogie est sensible : le même nom de Loges, pour signifier les lieux d'assemblée ; le même ordre dans la distribution ; la même division en maître, compagnons et apprentis : les uns et les autres sont présidés par un Grand Maître. Ils ont également des signes particuliers, des lois secrète, des statuts contre les profanes : enfin ils pourraient dire les uns aux autres : *mes frères et mes compagnons me reconnaissent pour Maçon*. Mais nos Maçons de Strasbourg, malgré l'obscurité de leur travail, prouvent par des titres anciens et authentiques, leur état et leur origine ; et nos Francs-Maçons, Anglais, Allemand, Napolitains, même malgré *Hiram et le temple de Salomon*, ne peuvent en prouver autant. Je crois même que la tour de Strasbourg est un monument plus sensible que les fameuses colonnes d'airain *Jakim* et *Booz*. Je pourrais cependant me tromper, *car je suis dans les ténèbres, et je vais chercher la lumière au septentrion*.

J'ajouterai encore, Madame, que ce tribunal de la Loge des Maçons existe aujourd'hui à Strasbourg ; et quoique sa juridiction soit bien diminuée, elle est encore regardée comme la grande Loge d'Allemagne. Les habitants de notre ville y avaient secours pour tous les cas litigieux, relatifs aux bâtiments : le Magistrat lui en remit même entièrement la connaissance, en 1461, en lui prescrivant, la même année, les formes et les lois quelle observerait ; ce qui fut renouvelé en 1490. Les jugements qu'elle rendait, portaient le nom de *hüttenbrief* ou *lettres de Loge*. Les archives de la ville sont remplies de ces sortes de lettres, et il y a peu d'anciennes, familles à Strasbourg, qui n'en conservent dans leurs papiers. Mais le Magistrat ôta, en 1620, à la Loge de Strasbourg, la juridiction qu'il lui avait confiée sur les bâtiments ; l'abus qu'elle avait fait de son autorité, nécessita cette suppression.

Je suis, etc.

À Strasbourg, ce 24 novembre 1778.

NOTE XVIII

Qui la conserve avec des modifications (page 87)

Traduction d'un billet de la main propre de Sa Majesté Impériale et Royale l'Empereur, concernant l'Ordre des, Francs-Maçons

La Franche Maçonnerie s'est tellement répandue dans mes États, qu'il n'y a presqu'aucune petite ville de province où on ne trouve des Loges, et il est de la plus gravide nécessité d'y établir un certain ordre. Je ne connais pas leurs mystères, et je n'ai jamais eu assez de curiosité pour les pénétrer ; il me suffit de savoir que la Franche-Maçonnerie fait toujours quelques biens, qu'elle soutient les pauvres, et cultive et protège les lettres, pour faire pour elle quelque chose de plus que dans tout autre pays. Mais comme la raison d'État et le bon ordre demandent de ne pas laisser ces gens entièrement à eux-mêmes et sans une inspection particulière, je pense de les prendre sous ma protection, et de leur accorder ma grâce spéciale, s'ils se conduisent bien, sous les conditions suivantes

1°. Il n'y aura dans la Capitale qu'une ou deux Loges, et s'il est impossible d'y recevoir tous les frères, tout au plus trois. Dans des villes où il y a des régences, on permettra aussi une, deux ou trois Loges. Toutes les Loges dans les villes de province où il n'y a pas de régence, sont rigoureusement défendues, et l'hôte qui souffre des assemblées dans sa maison, sera puni comme un criminel qui permet des jeux défendus.

2°. Les listes de toutes les Loges et de leurs membres seront envoyées au Gouvernement, les jours dg l'assemblée toujours marqués ; et tous les trois mois on enverra un détail exact des membres qui ont été reçus à la Loge, ou qui l'ont quittée, mais sans annoncer les titres, dignités et grades qu'ils ont dans la Loge.

3°. Chaque année on indiquera au Gouvernement le Directeur de la Loge.

En revanche de tout cela, le Gouvernement accorde aux Francs-Maçons réception, protection et liberté ; laisse entièrement à leur direction l'intérieur des Loges et leur constitution, et ne fera jamais quelques recherches curieuses.

De cette façon, l'Ordre des Francs-Maçons, qui est composé d'un grand nombre d'honnêtes gens qui me sont connus, peut devenir utile à l'État ; et on communiquera cette ordonnance aux Gouvernements de Province.

JOSEPH.

P. S. L'exécution de cette ordonnance commence dès le premier janvier.

NOTE XIX
Si dans les beaux jours de Frédéric II (page 87)

Des gens instruits ont prétendu que le grand Roi n'était pas si incrédule sur la magie et les visions que la Renommée l'a publié. Quelle que fût sa façon de penser, bien est-il vrai qu'il eût proscrit tette Secte dangereuse. Ce ne serait pas la seule occasion où il aurait désobéi à sa propre impulsion, et où sa raison lui eût fait faire le contraire de ce à quoi il inclinait. Du moment qu'il aurait vu le prétexte à un abus, sans autre examen, il eût anéanti la Secte.

NOTE XX
Les hommes amis de la vertu feraient une ligue (page 87)

Je voudrais surtout, je voudrais armer la raison, et, s'il le faut, l'amour-propre de ceux d'entre les Princes que les Lavater et autres adeptes trompeurs ou trompés, fanatiques ou fripons, sont parvenus à séduire, contre les extravagances honteuses et les fascinations grossières qui les ont infatués, Eh ! que gagneront-ils donc à cette pitoyable facilité, à ces déplorables faiblesses ? La perte d'un temps plus précieux pour eux que pour les autres mortels, le vide du repentir et des regrets, et la chute de leur considération personnelle.

Quoi donc ! l'accumulation des fourberies de tous ces Jongleurs, copistes plus ou moins adroits, mais toujours copistes les uns des autres, et leur éternel non-succès, ne disent-ils donc pas assez que leurs promesses sont menteuses ? que pour les Princes, il n'y a de trésors que dans une sage économie, et la bienfaisance éclairée qui multiplie au sein de leurs États les riches et les heureux ; de bonheur que dans la paix d'une bonne conscience et l'acquit de leurs intéressants devoirs, seule jouissance sur laquelle, il est impossible qu'ils se blasent ; de divination que dans la prévoyance et dans la connaissance des hommes, de magie que dans le grand art d'inspirer la confiance et de se faire aimer.

Et si ces misérables Charlatans, toujours poussés par la soif de l'or ou celle de l'intrigue, éloignaient des Cours qu'ils obsèdent, les sages et les bons citoyens, toujours peu curieux de se compromettre avec des Aventuriers et des Charlatans ; si distrayant l'attention des Princes, des véritables sources de la prospérité publique, ils parvenaient par la Force presque irrésistible de l'habitude, ou par les séductions de l'amour-propre qui ne veut pas avoir été trompé ; s'ils parvenaient à les circonscrire, à les enchaîner, à les hébéter dans le cercle hideux et stérile de leurs déceptions et de leurs prestiges ; si la haine pour la résistance, cette maladie contagieuse et mortelle de tous les Princes absolus, allaient changer ces rêveries ténébreuses en un système d'intolérance et de persécution ; ah ! que deviendriez-vous ? les jouets et les Victimes, les Prédicants et les Satellites des superstitions les plus honteuses qui aient jamais infecté la terre

(Lettres sur Cagliostro et sur Lavater par M. le Comte de Mirabeau.)

NOTE XXI

Sur la croyance aux Esprits

La raison ne conçoit pas qu'il puisse y avoir des Esprits capables d'opérations corporelles ; mais elle voit que ceux qui les ont imaginés, ont été d'erreurs en erreurs. Croyant à l'existence d'un premier être gouvernant les mondes, que sa puissance avait créés, les hommes ont supposé qu'il ne pouvait les régir qu'en ayant sous ses ordres des Ministres, des êtres spirituels, prêt à porter partout ses volontés suprêmes. Ils ont assimilé Dieu à un Roi ; mais ils n'ont pas vu qu'un Esprit ne pouvait ni occuper ni parcourir un espace. On ne peut pas concevoir un esprit allant à gauche, à droite ; notre âme agit au dedans de nous sans ce mouvement. Supposons un homme qui soit tout à la fois Naturaliste et Agronome, lorsqu'il examine un ciron, son âme est dans un ciron ; lorsqu'il examine le soleil, son âme est à un million de lieues ; mais elle n'a parcouru aucun espace.[23] Appliquons ce raisonnement aux Esprits. S'il en existe, ils ne peuvent ni descendre, ni monter, ni paraître, ni disparaitre, ni parler, ni faire du bruit. Ces opérations corporelles détruisent l'idée que nous pouvons nous faire d'un esprit ; il est également inutile de leur assigner un séjour. Cent millions de milliards d'Esprits peuvent habiter ensemble sur la pointe d'une épingle, comme dans ces vastes déserts que notre imagination suppose entre le séjour des astres de l'Empyrée.

Le raisonnement détruisant ainsi les premiers principes de cette Opinion, il ne resterait que l'expérience. Or, les faits n'ont jamais prouvé d'une manière satisfaisante l'apparition des Esprits ; si une histoire était une preuve, il faudrait admettre toutes les histoires, du moins les Asiatiques s'en rapporteraient aux leurs ; les Africains feraient de même ; il résulterait de là des contradictions multipliées.

Un Anglais, Glamvill, a écrit qu'il existait des êtres qui possédaient un corps plus subtil et une âme plus parfaite que la nôtre. Où existent ces créatures aériennes ? Qui fait leur histoire ? Mais quand même on les supposerait exister, cela ne fait pas plus à la question présente, que si un Écrivain venait nous assurer que Mars est habité par des hommes qui ont trente pieds de hauteur. L'unique réponse à faire à des suppositions, est de supposer à son tour que cela n'est pas ; alors la dispute est finie.

C'est donc ici où s'arrête la raison ; mais, dira-t-on, cela ne prouve rien. Là, où la raison s'arrête, la religion commence à nous éclairer ; or, elle confirme

---

[23] On pourrait répondre à cela que c'est confondre *l'âme et la pensée.*

absolument l'apparition des Esprits bons et mauvais, et nous parle de leurs différentes opérations.

Nous répondons que la Religion elle-même ne peut guères exister avec cette doctrine. Si par ses Ministres, ses Prophètes, ses Apôtres, il a plu à Dieu d'interrompre les lois de la nature, et de faire des choses qui ne pouvaient être faites sans l'aide de sa Toute puissance ; comment arrive-t-il qu'il y ait une autre puissance qui fasse faire les mêmes miracles ? La première se trouverait alors infiniment affaiblie, et la croyance est déconcertée. C'est pourtant le résultat de la doctrine des mauvais Esprits. Ou ils seraient soumis à Dieu, et alors il serait, l'auteur du mal, en le permettant, ce qui paraît un blasphème, ou ils seraient égaux ; alors Dieu n'est plus Tout puissant, ce qui serait un autre blasphème. La Religion est donc, par la sainteté de ses dogmes, contraire à cette doctrine.[24]

Quel serait donc enfin le moyen d'apaiser, sur ce point, l'inquiète curiosité des hommes ? Il en est peu ; mais on pourrait dire à un petit nombre, pour juger une semblable question, il faut être très instruit. Il est tant de manières de tromper les sens avec les secrets de la nature. Le siècle dernier avait les mêmes prodiges que celui-ci. Ils ont été expliqués par des moyens fort naturels ; n'est-ce pas une forte présomption, que ceux qui nous étonnent dans ce moment trouveront pareillement des interprètes.

Si l'on remonte à l'origine de ces erreurs, nous les trouverons dans le caractère de l'homme, Être présomptueux, il est tourmenté du désir de lire dans l'avenir ; faible, il redoute les premiers pas qu'il fera dans des régions inconnues. Il voudrait voler, sur les ailes des sciences, vers l'auteur de tout, et

---

[24] Ici l'Auteur va trop loin. Qui connait le plan de Dieu ? Qui a été de son conseil ? Comment fait-on que les contrariétés apparentes qui agitent le monde ne servent point au but de son Auteur, en produisant, par ce mouvement, une félicité générale, qu'une léthargique monotonie de la Nature ne saurait jamais effectuer ? Il y a tant de genres de félicité, et il doit y avoir une variété si infinie de toutes choses dans cet Univers, que l'esprit borné de l'homme ne devrait jamais prononcer sur les vues de son Auteur, quand il permet ce qui nous semble être un mal.

perdant sans cesse sa nature de vue, il s'épuise en efforts inutiles, qui ne servent qu'à constater son impuissance.

Il est tout à la fois éclairé et ignorant, grand et méprisable, trop rempli de connaissances pour s'armer de la vertu stoïque, il flotte sans cesse entre l'action et le repos. Incertain s'il est Dieu ou brute, s'il doit préférer son âme ou son corps. Il naît pour mourir, il raisonne pour errer. Sa raison même n'est pour lui qu'une espèce de délire. S'il ne l'écoute pas, tout pour lui est obscur ; s'il la consulte trop, tout lui paraît incertain. Chaos de raisonnements et de passions, continuellement abusé et désabusé par lui même, il tombe, se relève et retombe sans cesse. Il est créé maître de tout, et de tout il est la proie. Seul juge de la vérité, il se précipite d'erreurs en erreurs, il est enfin la gloire et l'énigme de la création.

Tel est l'homme ; personne n'a appelé de l'opinion de Pope, et c'est un pareil être au témoignage duquel on s'en rapporterait, lorsqu'il se vante de bouleverser, à son gré, les lois de la nature ? de citer à son petit tribunal des êtres qui, s'ils existaient, seraient d'une sature bien supérieure à la sienne ? d'établir une correspondance entre le ciel et lui, sur les sombres profondeurs de l'avenir ? Non, non, laissons périr dans l'oubli cet amas mensonger de visions, d'impostures, de contes, que la bêtise, l'intérêt, l'orgueil, l'opiniâtreté, ont enfanté tour à tour.

Il est des hommes avides de célébrité sans talent pour l'acquérir, sans art pour faire illusion. Ils ont recours cette science occulte ; et à la faveur de quelques apparences de succès, ils font des prosélytes ; le temps détruit leurs frêles édifices ; ils n'emportent que le mépris de leurs contemporains.

Il en est d'autres dont la faiblesse des nerfs est telle qu'elle les rend timides sur l'avenir, crédules sur le présent, troublés sur le passé ; ils ont, sans cesse, devant les yeux, l'image de ces Esprits, ministres vengeurs des crimes de la terre. Flottant entre les remords et l'inquiétude, ils croient tout parce qu'ils n'examinent tien.

Quelques-uns cherchent des dupes, taxent la facilité des riches, surprennent la crédulité des esprits faibles, bravent les sarcasmes des

Philosophes, et trouvent, parmi des tentatives de toutes espèces, quelques dédommagements momentanés, aux humiliations inséparables de ce dangereux métier.

D'autres encore, trompés par leurs organes, sont sujets à une espèce de maladie qui les rend visionnaires ; ils voient des choses qui n'existent pas,[25] et entendent des sons imaginaires. Un homme qui devint sourd entendait, une année auparavant, une musique continuelle, qui lui semblait même très harmonieuse.

Une dernière classe enfin, et c'est la plus nombreuse, a été dupe de quelques Charlatans adroits : le temps a effacé les traces de la fourberie, et n'a laissé, dans leur imagination séduite, que les résultats qui les ont frappés. Souvent forcés de défendre leur propre jugement soupçonnés d'avoir été trompés, ils se sont rendu les faits personnels, et sont devenus les Apôtres d'une erreur dont ils n'avaient été que les instruments.

(Mélanges Littéraires, par M. DE LUCHET.).

Fin des Notes

---

[25] Voyez dans l'*Essai Analytique des Facultés de l'Âme, pas M. Bonnet*, l'histoire des visions d'un grand-père de cet illustre Philosophe ; comme il voyait, en plein jour, sa chambre remplie de gens qui n'y étaient pas, sa maison démeublée, les portes gardées par des hommes armés. L'habitude seule put lui apprendre à distinguer l'apparence de la réalité ; encore s'y trompa-t-il souvent. Toutes ces illusions ne vinrent que du dérangement de sa prunelle.

TABLE DES MATIÈRES